Diogenes Taschenbuch

Denken mit Michel de Montaigne

Eine Auswahl aus den Essais, vorgestellt von André Gide

Aus dem Französischen und mit einem Nachwort von Hanno Helbling

Diogenes

Titel der 1939 bei
Editions Corrêa, Paris,
erschienenen Originalausgabe:
›Les pages immortelles de
Montaigne choisies et expliquées
par André Gide‹

Die Übersetzung von Hanno Helbling
erschien erstmals 1993 unter
dem Titel ›Essais‹ im Diogenes Verlag
Umschlagillustration:
›Le portrait de Michel de Montaigne‹ (o. J.),
Château de Montaigne
(Dordogne)

Veröffentlicht als Diogenes Taschenbuch, 2005

www.diogenes.ch
40/05/52/1
ISBN 3 257 23497 X

Einleitung

Montaigne ist der Verfasser eines einzigen Buches, der *Essais*. Aber in diesem einzigartigen Buch, dem kein Bauplan zugrunde liegt, keine Methode, nur der Zufall der Ereignisse und der Lektüre, ist er gewillt, sich uns ganz zu geben. Er veröffentlicht nacheinander vier Ausgaben der *Essais*, ich hätte fast gesagt: vier Versionen; die erste 1580, im Alter von siebenundvierzig Jahren. Diesen Text nimmt er wieder vor, verbessert, vervollkommnet ihn, und noch bei seinem Tod, 1592, hinterläßt er ein Exemplar seines Werks voller Änderungen und Zusätze, die in künftige Ausgaben eingearbeitet werden. Dazwischen reist Montaigne durch Süddeutschland und Italien (1580/81), dann bekleidet er (von 1581 bis 1585) das wichtige Amt des Bürgermeisters von Bordeaux: Er läßt seine Leser teilnehmen an seinen Beobachtungen in fremden Ländern und an seinen Erfahrungen im öffentlichen Leben während der wirren Zeitläufe der Religionskriege.

Danach wendet er sich von den öffentlichen Angelegenheiten ab, um sich nur noch mit sich selber (ich meine: mit seinen eigenen Gedanken) zu beschäftigen. Er schließt sich in seine Bibliothek ein und verläßt das kleine Schloß im Périgord, wo er geboren ist, bis zu seinem Tode nicht mehr. Er schreibt weitere Kapitel, die das dritte Buch seiner *Essais* bilden; er nimmt die beiden ersten Bücher wieder vor, ändert, verbessert, bringt sechshundert Zusätze an. Dabei überfrachtet er auch gelegentlich den ursprünglichen Text, läßt ihn schwerfällig werden durch die vielen Zitate, die er in unablässiger Lektüre gesammelt hat; denn Montaigne ist davon überzeugt, daß alles schon gesagt worden ist, und er will uns beweisen, daß der menschliche Geist sich immer und überall gleicht und mit sich im Einklang bleibt. Die Zitatenfülle, die manche Kapitel der *Essais* zu einer kompakten Masse aus griechischem und lateinischem Schrifttum werden läßt, könnte uns irre machen an der Originalität Montaignes; wie lebendig mußte sie sein, um es mit all dem Ballast aufzunehmen.

Mit seiner demonstrativen Gelehrsamkeit stand Montaigne nicht allein in einer Zeit, da man sich auf griechische und lateinische Kenntnisse noch etwas einbildete. Gibbon bemerkt sehr zutreffend, die Beschäftigung mit den antiken Autoren, die viel weiter zurückreicht als in die Anfänge der Renaissance, habe die geistige Entwicklung der abendländischen Völker eher verzögert als beflügelt. Man suchte ja damals bei ihnen nicht so sehr Anregung wie eigentliche Vorbilder. Die Gelehrsamkeit lastete zur Zeit von Boccaccio und Rabelais auf den Geistern und drohte sie zu erstikken, statt ihre Befreiung zu fördern. Die Autorität der »Alten«, namentlich die des Aristoteles, zwang die Bildung in ein starres Geleise, und aus der Universität von Paris gingen im 16. Jahrhundert fast nur Pedanten und Schulmeister hervor.

Montaigne hat sich gegen diese Buchgelehrsamkeit nicht aufgelehnt, sondern er hat sie so sehr in sich aufgenommen und zu der seinen gemacht, daß sie sein Denken niemals behindert, und darin unterscheidet er sich von allen übrigen. Nur daß er eben, der Mode zuliebe, seine Schriften mit Zitaten befrachtet. Aber, sagt er, »was hilft es uns, den Magen voller Fleisch zu haben, wenn es sich nicht verdauen läßt, sich in uns nicht umwandelt, wenn es uns nicht größer und stärker macht?« Und er vergleicht sich – gefälliger – mit den Bienen, die »hier und dort von den Blüten naschen, dann aber ihren ganz eigenen Honig daraus machen«.

Ihr Gelingen verdanken die *Essais* der außergewöhnlichen Persönlichkeit des Verfassers. Was hatte Montaigne der Welt Neues zu bieten? Die Erkenntnis seiner selbst; jede andere Erkenntnis scheint ihm ungewiß. Doch der Mensch, den er entdeckt und den er uns entdeckt, ist so wahr und authentisch, daß jeder Leser der *Essais* sich in ihm wiedererkennt.

In jedem Zeitalter der Geschichte schiebt sich ein konventionelles Menschenbild vor diesen wirklichen Menschen. Montaigne will die Maske entfernen, um an das Wesentliche heranzukommen. Wenn es ihm gelingt, so dank beharrlicher Anstrengung und einzigartigem Scharfblick: indem er der Konvention, den eingebürgerten Vorstellungen und Übereinkünften einen stets wachen kritischen Geist entgegenstellt, einen zugleich geschmeidigen und gespannten, spielerisch-heiteren, lächelnd-nachsichtigen und doch unbestechlichen Geist, der nicht belehren will, sondern erkennen.

Für Montaigne zählt der Körper ebenso sehr wie der Geist; nie trennt er den einen vom andern; und er hütet sich wohl, uns seine Gedanken je in abstrakter Form darzulegen. Es kommt deshalb sehr darauf an, daß wir ihn sehen, bevor wir ihn hören. Er selbst liefert uns alle Elemente seines Porträts in ganzer Lebensgröße. Sehen wir ihn an.

Er ist eher klein; hat ein rundes, aber nicht dickliches Gesicht; trägt nach der Mode der Zeit einen vollen, nicht allzu langen Bart. Seine fünf Sinne stehen ihm »so gut wie vollkommen« zu Gebote. Obwohl er von seiner guten Gesundheit unbedenklich Gebrauch macht, bleibt sie widerstandsfähig und wird nur durch das Blasengries, das dem siebenundvierzigjährigen zu schaffen macht, leicht beeinträchtigt. Sein Gang ist fest, seine Bewegungen haben etwas Schroffes; seine Stimme ist laut und klangvoll. Er redet gern und ungestüm, gerät leicht in Wallung. Er ißt alles und jedes mit solcher Gier, daß er sich mitunter auf die Finger beißt; denn Gabeln sind zu der Zeit noch nicht im Gebrauch. Er reitet viel, und bis ins Alter ermüden ihn auch die weitesten Ritte nicht. Der Schlaf füllt nach seinen Worten einen großen Teil seines Lebens aus.

Die Bedeutung eines Autors mißt sich nicht nur an seinem eigenen Vermögen, sondern auch – und in hohem Grad – an der Verwendbarkeit seiner Botschaft. Es gibt Schriftsteller, deren Botschaft bloß noch historische Bedeutung hat und in unserer Zeit keinen Widerhall findet; zu ihrer Zeit konnte sie Gewissen wachrütteln, Begeisterung schüren, Revolutionen bewirken; zu uns spricht sie nicht mehr. Die großen Autoren sind die, deren Werk nicht allein den Bedürfnissen eines Landes oder einer Epoche genügt, sondern eine Nahrung darstellt, die den Hunger verschiedener Nationen und Generationen zu stillen vermag. »Ein guter Leser entdeckt oft in den Schriften eines anderen andere Vorzüge als jene, die der Autor hineingelegt und selbst wahrgenommen hat, und leiht ihnen einen volleren Sinn und ein reicheres Aussehen«, sagt Montaigne.

In unserer Zeit – und in welchem Land auch immer – stehen die konstruktiven Geister in besonderer Gunst; am meisten wird ein Verfasser dafür gelobt, daß er uns ein wohlgeordnetes System an die Hand gibt, eine Methode, die bedrängenden politischen, sozialen, ethischen Probleme zu lösen, die mehr oder weniger allen Völkern und jedem von uns im besondern zu schaffen machen. Montaigne verhilft uns freilich zu keiner Methode (und wie könnte auch eine Methode, die zu seiner Zeit brauchbar war, heute anwendbar sein?), zu keinem philosophischen oder sozialen System. Nichts ist weniger geordnet als sein Denken; es darf sich tummeln, er läßt es auf Abenteuer ausgehen. Und selbst sein beständiger Zweifel, der ihn nach Emersons Meinung zum vollkommensten Repräsentanten des Skeptizismus (des Antidogmatismus, des forschenden, fragenden Geistes) machte, ist mit den purgierenden Mitteln verglichen worden, welche der Kranke mitsamt den Stoffen, die zu beseitigen waren, wieder ausscheidet. So daß man in seinem »Was weiß ich denn?« geradezu das letzte Wort seiner Weisheit und seiner Lehre hat sehen wollen; was aber mir nicht genügt. Für mich ist die Skepsis bei weitem nicht das Beste, nicht das Lehrreichste an den *Essais*. Ein »guter Leser« findet bei Montaigne mehr und Besseres als Zweifel und Fragen.

Es ist, als setzte Montaigne der quälenden Frage des Pilatus – »Was ist Wahrheit?« –, deren Widerhall sich durch die Jahrhunderte zieht, für seine Person, auf eigenwillige Art, ganz menschlich und ganz profan, die göttliche Antwort Christi entgegen: »*Ich* bin die Wahrheit.« Das heißt, er glaubt, in Wahrheit nichts als sein eigenes Ich zu erkennen. Und das bewegt ihn dazu, so viel von sich selber zu reden; die Erkenntnis seiner selbst scheint ihm nun einmal wichtiger als jede andere. »Man muß«, schreibt er, »die Maske sowohl von den Dingen wie von den Menschen entfernen.« Er malt sich, um sich zu demaskieren. Da aber die Maske weit eher zu einem Land und zu einer Zeit als zum Selbst eines Menschen gehört, unterscheiden die Menschen sich hauptsächlich durch ihre Maske, und so können wir in einem wirklich Demaskierten leicht unseresgleichen erkennen.

Sogar kommt Montaigne zu der Einsicht, daß sein Selbstbildnis um so allgemeineres Interesse beanspruchen kann, je genauer es getroffen ist; und um dieser tiefen Wahrheit willen beschäftigt uns sein Porträt so sehr; denn »jeder Mensch trägt in sich die ganze menschliche Beschaffenheit«. Mehr noch: Montaigne ist von der Überzeugung durchdrungen, daß »Wahrhaftigkeit der Anfang einer großen Tugend sei«, wie Pindar gesagt habe; und dieses schöne Wort, das Montaigne bei Plutarch entlehnt (der es von Pindar hat), mache ich mir zu eigen; ich möchte es zum Motto der *Essais* erklären, denn in ihm besteht die eigentliche Lehre, die ich ihnen überall entnehme.

Und doch hat Montaigne seinen eigenen Entschluß, ein nur ganz wahrhaftiges und naturgetreues Bild von sich selbst zu zeichnen, anscheinend nicht von Anbeginn in seiner Kühnheit und Tragweite erfaßt. Daher ein gewisses anfängliches Zögern in seinem Strich; sein Versteckspiel im Dickicht der historischen Überlieferung, das Anhäufen von Zitaten und Beispielen, fast als gälte es, sich ermächtigen zu lassen; sein endloses Tasten. Er interessiert sich zuerst auf eher unklare Weise für seine Person, ohne recht zu wissen, worauf es ankommt, und im Zweifel darüber, ob nicht das scheinbar Unwichtigste und gemeinhin am wenigsten Beachtete vielleicht eben das sei, was die größte Aufmerksamkeit verdiene. Alles an ihm ist für ihn ein Gegenstand der Neugierde, der Erheiterung, der Überraschung: »Ich habe auf Erden kein solches Ungetüm und Wunder gesehn wie mich selbst: man gewöhnt sich im Umgang und mit der Zeit an jede Merkwürdigkeit; aber je mehr ich mit mir umgehe und mich kennen lerne, um so mehr erstaunt mich meine Ungestalt, um so weniger verstehe ich mich.« Ist es nicht reizvoll, ihn so von seiner »Ungestalt« reden zu hören, während uns doch an ihm gerade das gefällt, was uns erlaubt, ihn als unseresgleichen, einfach als einen gewöhnlichen Menschen zu sehen?

Erst von dem dritten und letzten Buch der *Essais* an (das in den ersten Ausgaben noch fehlt) zeigt sich Montaigne ganz im Besitz nicht seiner selbst (das wird er nie sein; das ist niemand), aber seines Themas; da tastet er nicht mehr. Er weiß, was er sagen will, was zu sagen ihm wichtig ist, und er sagt es vorzüglich, mit einer Anmut des Auftretens, mit einer Heiterkeit, mit glücklich gewählten Wendungen, herrlichen Umwegen. »Die anderen [die Moralisten] bilden den Menschen, ich schildere ihn«, schreibt er; oder, noch feiner: »Ich male nicht das Sein, ich male das Werden.« Denn Montaigne bleibt dem unaufhörlichen Fließen aller Dinge auf der Spur und will uns hier auf die Unbeständigkeit der menschlichen Person hinweisen, die niemals *ist*, die sich ihr Selbst nur in einem nicht faßbaren Werden bewußt macht. Und die eine Gewißheit wächst über dem Zusammenbruch aller anderen: daß er für dieses sein Thema – die eigene Person – »der gelehrteste Mensch der Welt« ist, und daß »nie jemand so genau und ganz an das Ziel gelangt ist, das er sich für sein Unternehmen gesteckt hat«, zu welchem es keiner anderen Tugend bedarf als der »Getreulichkeit«; und Montaigne scheut sich nicht, sogleich hinzuzufügen: »Sie aber ist da, so aufrichtig und rein wie sonst nirgends.«

Das große Vergnügen, das uns Montaignes *Essais* bereiten, muß von dem großen Vergnügen herrühren, das ihre Niederschrift ihm bereitet hat und das wir so gut wie jedem Satz anmerken. Von allen Kapiteln, aus denen sich die drei Bücher zusammensetzen, ist nur eines ausgesprochen mühsam zu lesen: das weitaus längste und das einzige, das er mit großem Fleiß als zusammenhängenden, komponierten Text verfaßt hat, die *Verteidigung des Raimund Sebundus*, eines spanischen Philosophen des 15. Jahrhunderts, der an der Universität Toulouse als Professor der Medizin gewirkt und dessen *Theologia Naturalis* Montaigne auf Wunsch seines Vaters im Schweiße seines Angesichts übersetzt hatte. »Das war für mich eine recht ungewohnte, neuartige Aufgabe; doch hatte ich damals zufällig Zeit, und da ich dem besten aller Väter unmöglich etwas abschlagen konnte, kam ich damit einigermaßen zurecht.« Jenes Kapitel, das in die Mitte des zweiten Buches zu stehen kam, ist das erste, das Montaigne geschrieben hat. Es ist eines der berühmtesten und der meistzitierten, weil sich Montaignes sonst so ungeordnetes und von Natur eher sprunghaftes Denken die größte Mühe gibt, eine Art Lehre zu entwickeln und seinem unsteten Skeptizismus einen Anschein von Stetigkeit zu verleihen. Doch eben weil er sein Denken hier an der Leine führt, verliert es fast all seine Anmut, den besonderen Reiz seines Schlenderns; man spürt, daß er es auf ein Ziel hin lenkt, und nie wird es uns so bezaubern, wie wenn er es dann von neuem dem Zufall der Begegnungen folgen und alle Blumen an einem noch ungebahnten Weg pflücken läßt, auf dem er selbst sich ins Ungewisse vorwagt. Ich möchte hier anmerken, daß die geglücktesten, schönsten Werke stets die sind, die der Verfasser mit dem größten Vergnügen geschrieben hat und denen man am wenigsten Spannung und Anstrengung anmerkt.

In der Kunst ist auf die Ernsthaftigkeit kein Verlaß; das Vergnügen ist der sicherste Führer. In allen oder doch fast allen anderen Schriften, welche die verschiedenartigen Kapitel der *Essais* bilden, bleibt Montaignes Denken gewissermaßen im flüssigen Zustand, so unbestimmt, wechselhaft und selbst widersprüchlich, daß man ihm nachträglich die verschiedensten Deutungen geben konnte. Manche, wie etwa Pascal und Kant, versuchen in Montaigne einen Christen zu sehen; andere, wie Emerson, das Musterbild eines Skeptikers; wieder andere einen Vorläufer Voltaires; Sainte-Beuve erblickte in den *Essais* geradezu eine Art Vorbereitung oder Vorhof der *Ethik* Spinozas. Doch kam wohl Sainte-Beuve der Wahrheit näher, als er schrieb: »Wo Montaigne vorgab, sich zu zergliedern, sich auf seltsamen Schrullen zu behaften, traf er das Besondere eines jeden und ist mit seinem Porträt (mit demjenigen, das er beiläufig und geduldig immer wieder von sich selber entwarf) zu einem nur desto besseren Vogelsteller, einem desto besseren Maler einer Vielzahl von Menschen geworden, als er über weite

Strecken mit größter Sorgfalt allein sein Selbst (›unterschiedlich und wechselhaft‹, wie er sagt) beschrieben hat. Jeder kann sich hier etwas herauspicken.«

Eine große Stärke Montaignes liegt, meine ich, darin, daß er sich mit dem Inkonsequenten und Widersprüchlichen in sich selbst hat abfinden können. Schon am Anfang des zweiten Buches der *Essais* läßt dieser Satz uns aufhorchen: »Wer sich im Urteil über die menschlichen Handlungen übt, findet sich nirgends so sehr behindert, als wenn er sie zusammenflicken und auf gleichen Glanz bringen will; denn sie widersprechen einander zumeist solchermaßen, daß sie durchaus nicht aus einer und derselben Werkstatt zu stammen scheinen.« Nicht einer der großen Kenner des menschlichen Herzens, ob er nun Shakespeare, Cervantes oder Racine heißt, der es an wenn auch nur flüchtigen Wahrnehmungen dieser grundlegenden Inkonsequenz hätte fehlen lassen. Doch bedurfte es vorläufig wohl einer etwas summarischen, auf die großen, klaren Linien festgelegten Psychologie, damit eine klassische Kunst darauf gründen konnte. Man brauchte Verliebte, die nichts als verliebt, Geizige, die durch und durch geizig, Eifersüchtige, die nur eben eifersüchtig waren – Menschen, die nicht daran dachten, gleichzeitig etwas von all dem zu sein. Montaigne spricht von gewissen »guten Autoren« (und was er sagt, gilt für spätere noch eher als für die ihm schon bekannten), »die sich eine Richtschnur wählen und nach ihr alle Handlungen einer Person einordnen, deuten und diejenigen, die sie nicht genügend zurechtbiegen können, aus Verstellung erklären«. Und er fügt hinzu: »Augustus ist ihnen entschlüpft«, im gleichen Ton, wie Saint-Evremont später sagen wird:

»Es gibt Falten und Windungen in unserer Seele, die ihm [Plutarch] entgangen sind [...] er hat über den Menschen zu sehr im Großen und Ganzen geurteilt und nicht für möglich gehalten, wie verschieden er von sich selber sein kann [...] Was ihm als Widerspruch erscheint, schreibt er äußeren Ursachen zu [...]; Montaigne hat darüber viel besser geurteilt.« Mir scheint sogar, Montaigne habe in der Widersprüchlichkeit weit mehr als nur die »Unbeständigkeit« sehen können, von der Saint-Evremont spricht. Ich meine, daß sich hinter diesem Wort der entscheidende Punkt verbirgt, der erst viel später bei Dostojewski und dann bei Proust zur Sprache kam und für manche den Sinn erhielt, daß unser Menschenbild überhaupt in Frage gestellt wurde, das Menschenbild, wie es Freud und andere demontiert haben. Vielleicht sind es die jähen Erhellungen, die bei Montaigne mitunter wie ungewollt die ungewissen Grenzen der Persönlichkeit und die Schwankungen des Ich erkennen lassen, was ihn gleichzeitig so erstaunlich und für uns so unmittelbar zugänglich macht.

Die Zeitgenossen Montaignes werden über die Stellen, die uns heute am stärksten berühren, hinweggegangen sein; sie hatten nicht die Augen, um sie zu sehen, oder zum mindesten kein Organ für ihre Bedeutung. Und Montaigne selbst wird ihre Gleichgültigkeit in diesen Dingen geteilt haben, so gut wie die Neugierde seiner Zeit für solche, die uns nicht mehr interessieren. Käme er heute wieder zur Welt, er könnte wohl sagen: »Wenn ich gewußt hätte, daß gerade das euch beschäftigt, würde ich darüber viel mehr gesagt haben!« Ja, zum Teufel, warum haben Sie es denn nicht getan? Nicht Ihren Zeitgenossen mußten Sie gefallen, sondern uns. Ein Schriftsteller spricht oft genug durch die Dinge, die seine eigene Zeit ihm vorgeworfen oder die sie nicht beachtet hat, über Jahrhunderte hinweg zu uns. Herauszuspüren, welche Themen der Gegenwart auch das Interesse der künftigen Generationen verdienen, das verlangt einen ungewöhnlichen Weitblick.

Die Liebe hat anscheinend in Montaignes Leben keine große Rolle gespielt; schon eher die Lust. Er hat offenbar ohne besondere Begeisterung geheiratet, und wenn er trotzdem ein guter Ehemann war, so schrieb er andererseits gegen Ende seines Lebens: »Es könnte leichter sein, auf Frauen überhaupt zu verzichten, als sich pflichtgemäß auf den Verkehr mit der einen Ehefrau zu beschränken«; was kaum vermuten läßt, daß er dies getan habe. Er hat für die Frauen nur Geringschätzung übrig; wenn das Vergnügen, das er bei ihnen findet, vorbei ist, verbannt er sie in die Haushaltung. Ich habe in den *Essais* die Stellen herausgesucht, wo er von ihnen spricht; es gibt keine, die nicht beleidigend wäre. Über seine Kinder berichtet er summarisch: »Sie sterben mir alle als Säuglinge.« Nur eine Tochter »entgeht diesem Mißgeschick«; die wiederholten Trauerfälle scheinen ihn nicht sehr betrübt zu haben.

Dennoch ist Montaigne des Mitgefühls durchaus fähig, besonders gegenüber den Kleinen und Niedrigen: »Ich halte mich gern zu den kleinen Leuten, sei es auch nur aus angeborenem Mitleid, welches so viel über mich vermag.« Doch für sein vernünftiges Gleichgewicht kommt es darauf an, daß er sich wieder zur Ordnung ruft: »Ich empfinde das innigste Mitleiden mit den Betrübnissen anderer und würde gern zur Gesellschaft mitweinen, wenn ich imstande wäre zu weinen.« La Rochefoucauld wird dann, in Erwartung von Nietzsches berühmtem »Hart sein«, erklären: »Ich bin dem Mitgefühl nicht sehr zugänglich und wollte, ich wäre es gar nicht.« Aber solche Bekenntnisse bewegen mich mehr, wenn sie von Menschen wie Montaigne oder Nietzsche stammen, die von Natur aus empfindsam sind.

Von Montaignes Gefühlsleben findet allein die Freundschaft ein Echo in seinem Werk. Seine Begeisterung für Etienne de la Boëtie, den drei Jahre älteren Verfasser einer einzigen kleinen Schrift, *Traktat über die freiwillige Knechtschaft*, hat in seinem Herzen anscheinend einen beträchtlichen Platz eingenommen. Jenes Büchlein ermächtigt uns nicht, La Boëtie »den Größten des Jahrhunderts« zu nennen, wie Montaigne das tat; es erlaubt uns aber sehr wohl, die Zuneigung des künftigen Autors der *Essais* zu einer höchst vornehmen und groß denkenden Persönlichkeit zu verstehen.

Und noch eine andere Freundschaft nahm im Leben Montaignes einigen Raum ein. Sie galt Mlle. Marie de Gournay, seiner »Wahltochter«, »die ich viel mehr als bloß väterlich liebe und die in mein zurückgezogenes, einsames Dasein aufgenommen ist wie das Beste meiner selbst«; so schreibt er gegen Ende seines Lebens und fügt noch hinzu: »Ich achte hienieden nur noch auf sie.« Sie war erst zwanzig und Montaigne vierundfünfzig, als sie ihre Bewunderung und Zuneigung für den Autor der *Essais* entdeckte. Es wäre undankbar, diese Beziehung zu übergehen, denn wir schulden der Mühewaltung von Mlle. de Gournay die dritte, sehr reichhaltige Ausgabe der *Essais*, die drei Jahre nach Montaignes Tod, 1595, erschien, und ihrer Pietät die Erhaltung der Handschriften, auf denen die spätern, noch vollständigeren Ausgaben beruhen.

So schön das freundschaftliche Verhältnis zu Etienne de la Boëtie war, es könnte doch auch einen leisen Zwang auf Montaigne ausgeübt haben. Wie hätte er gelebt, dieser Sinnenmensch, wenn er La Boëtie nicht begegnet wäre; wie hätten die *Essais* ausgesehen, wenn der Freund nicht so früh, mit dreiunddreißig Jahren, gestorben und wenn Montaignes Denken weiter von ihm beherrscht worden wäre? Sainte-Beuve führt in diesem Zusammenhang einen sehr schönen Satz von Plinius dem Jüngeren an: »Ich habe den Zeugen meines Lebens verloren [...] Ich fürchte, von nun an unbekümmerter zu leben.« Doch dieses »Unbekümmerte« ist es ja, was uns an Montaigne so gefällt. Unter den Augen La Boëties gab er sich gern ein wenig antik; auch darin, wie immer, ganz aufrichtig, denn Heroismus begeistert ihn, aber er mag nicht, und mag immer weniger, daß der Mensch sich groß macht, und wird immer besorgter, daß er sich erniedrigen müsse, um sich zu erhöhen.

In lateinischen Versen, die er an Montaigne richtet, sagt La Boëtie: »Du, Freund, mußt schwerere Kämpfe bestehen; wissen wir doch, daß du zu gleich auffallenden Lastern wie Tugenden neigst.« Montaigne wird nach dem Tode des Freundes den Kampf immer weniger suchen, aus natürlicher Anlage wie aus Philosophie. Nichts stößt Montaigne mehr ab als eine Persönlichkeit (oder sollte man sagen, eine Unpersönlichkeit), die künstlich, durch Mühe und Zwang, nach Maßgabe der Moral, der Schicklichkeit, der Bräuche und Vorurteile erworben wird. Es ist, als bewahrte für ihn das wahre Wesen, das von all dem beengt, verdeckt oder verfälscht wird, eine Art mystischen Wert, als erwartete er irgendeine Offenbarung von ihm. Und da kann man nun freilich versucht sein, mit den Worten zu spielen, kann in Montaignes Lehre nur den Rat sehen wollen, sich seiner Veranlagung zu überlassen, blind seinen Trieben zu folgen, und am besten den niedrigsten, die immer auch als die ehrlichsten, die natürlichsten gelten können, die sich dank ihrer Dichte und Festigkeit stets getreulich wieder von neuem auf dem Grund des Gefäßes einfinden werden, auch wenn die edelsten Regungen es geschüttelt haben ... Aber so würde man, meine ich, Montaigne aufs gründlichste mißverstehen; denn obschon er den Trieben, die wir mit den Tieren gemeinsam haben, viel und wohl zuviel zugute hält, schwingt er sich dennoch über sie auf und ist niemals bereit, ihr Sklave oder ihr Opfer zu sein.

Mit solchen Ideen neigt Montaigne natürlich kaum zu Reue und Zerknirschung. »Ich bin seit meinen ersten Veröffentlichungen um acht Jahre älter geworden«, schreibt er 1588, »doch ich zweifle, ob ich mich auch nur um einen Zoll gebessert habe.« Oder: »Meine Übertretungen in diesem Bereich [der Ausschweifung] haben mir nach Gebühr mißfallen, doch das war alles.« Von solchen Bekenntnissen wimmelt es im letzten Teil der *Essais*. Und später fügt er zur Empörung mancher Leute noch hinzu: »Wenn ich noch einmal leben sollte, würde ich leben, wie ich gelebt habe: ich bedaure die Vergangenheit nicht und fürchte mich nicht vor der Zukunft.« Diese Erklärungen sind alles andere als christlich. Wann immer Montaigne vom Christentum spricht, geschieht es mit der merkwürdigsten (manchmal fast mit der boshaftesten) Impertinenz. Er beschäftigt sich oft mit der Religion, aber nie mit Christus. Nicht ein einziges Mal bezieht er sich auf seine Worte; man könnte bezweifeln, daß er das Evangelium jemals gelesen – oder eher, man kann nicht bezweifeln, daß er es niemals richtig gelesen hat. Bei seiner Ehrerbietung für den Katholizismus spielt sicher viel Vorsicht mit. (Man darf nicht vergessen, daß 1572 die Erlasse der Katharina von Medici und Karls IX. herausgekommen waren, die zum Massaker an den Protestanten im ganzen Königreich geführt hatten.) Das Beispiel des Erasmus ist ihm eine Lehre; und man versteht auch sehr gut, daß er keine Lust hat zu »widerrufen«. Erasmus hat das zwar nicht getan, aber er hat doch der Kirche versprechen müssen, es zu tun; und schon ein solches Versprechen ist unangenehm. Da tarnt man sich besser: in dem Kapitel ›Von den Gebeten‹ vermehrt Montaigne die versöhnlichen Formulierungen in den Ausgaben von 1582 und 1595. Auf seiner Reise von 1581 hatte er Gregor XIII. sein Buch überreicht, und der Papst beglückwünschte ihn nur mit gewissen Vorbehalten; ihnen galten dann die Zusätze. Montaigne besteht bis zum Überdruß, auch an anderen Stellen und immer von neuem, auf seiner Rechtgläubigkeit und auf seinem Gehorsam gegenüber der Kirche, die sich ihrerseits damals sehr konziliant zeigte; sie hatte ihren Pakt mit dem kulturellen Aufschwung der Renaissance geschlossen. Erasmus hatte man trotz jener Anklage wegen Atheismus, die zur Verurteilung seiner Bücher in Paris geführt hatte, für das Kardinalat vorgeschlagen, und die Schriften Machiavellis waren, obwohl von Grund auf unreligiös, in Rom kraft einer Verfügung Klemens' VII. gedruckt worden.

Diese Toleranz, diese Lockerung mußte die großen Führer der Reform zu um so größerer Unduldsamkeit ermuntern. Mit dem Katholizismus konnte sich Montaigne verständigen; mit dem Protestantismus nicht. Er ließ die Religion gelten, solange sie sich mit dem Schein begnügte. Was er über die »anspruchsvollsten Fürsten« schrieb, das dachte er auch von den kirchlichen Autoritäten: »Man ist ihnen jede Verbeugung und Unterwerfung schuldig außer derjenigen des Verstandes; nicht meine Vernunft, meine Knie sind dazu da, sich zu krümmen und zu biegen.«

Um sein Buch nur ja zu schützen, fügt er noch ein paar so beschwichtigende Zeilen hinzu, daß wir ihn darin kaum wiedererkennen, und zwar gerade an den Stellen in den *Essais*, die christliche Herzen am meisten verstören könnten. »Dieses eine Ziel eines anderen, zum Glück ewigen Lebens ist es wahrhaftig wert, daß wir den Annehmlichkeiten und den Genüssen entsagen.« Der Satz (der übrigens Manuskript bleibt und den man erst nach seinem Tod kennen wird) und noch einige ähnliche wirken in seinem Buch so aufgesetzt wie Blitzableiter, oder besser aufgeklebt wie »Sirup«- oder »Limonade«-Etiketts auf Whiskeyflaschen unter der Prohibition. Tatsächlich lesen wir kurz danach: »Wir müssen mit Zähnen und Krallen die Freuden des Lebens festhalten, die uns die Jahre, eine nach der andern, entreißen.« Dieser Satz aus der ersten Ausgabe, den jener Zusatz umsonst zu verschleiern sucht, enthüllt uns den wahren Montaigne, den »geschworenen Feind jeder Art von Verstellung«, und ich würde mich über seinen listigen Widerruf entrüsten, wenn ich mir nicht denken könnte, daß er notwendig war, damit die Fracht bis zu uns gelangte. »Er mag als guter Katholik erschienen sein, nur daß er kaum ein Christ gewesen ist«, hat Sainte-Beuve treffend geschrieben. So daß man von Montaigne sagen könnte, was er selber von Kaiser Julian sagte: »In Sachen der Religion war er durchaus falsch; man nannte ihn den Abtrünnigen, weil er der unseren abgeschworen hatte; aber wahrscheinlicher ist, daß er sie nie im Herzen getragen, sondern sich aus Gehorsam gegenüber den Gesetzen verstellt hatte.« Oder, in Anlehnung an Ammianus Marcellinus: »Er neigte in seinem Herzen seit langem dem Heidentum zu; doch weil seine ganze Armee christlich war, wagte er es nicht zu bekennen.« Deshalb wohl zieht ihn die Gestalt Julians so sehr an.

Was ihm am Katholizismus gefällt, was er an ihm bewundert und rühmt, sind die Ordnung und das Alter. »In dem Streit, durch den Frankreich jetzt in einen Bürgerkrieg geraten ist, hält man sich ohne Zweifel am besten und sichersten an die Partei, welche sowohl die alte Religion wie die alte Verfassung des Landes aufrechterhält«, sagt er. Denn »alle großen Veränderungen erschüttern den Staat und bringen ihn durcheinander«. Und: »Das älteste und bekannteste Übel ist immer erträglicher als das neue und unerprobte.« Dies und seine Unkenntnis des Evangeliums sind Grund genug für seinen Haß auf die Reformatoren. Die Religion der Kirche, die Religion Frankreichs soll bleiben, wie sie ist; gar nicht so sehr, weil er nur sie für gut, sondern weil er einen Wechsel für schlecht hält.

Gleichermaßen spüren wir in Montaignes ganzer Lebensgeschichte und durch alle seine Schriften eine beständige Liebe zur Ordnung, zum Maß, die Sorge um das öffentliche Wohl und die Weigerung, sein eigenes Interesse demjenigen aller voranzustellen. Die Redlichkeit seines eigenen Urteils aber und die Bewahrung dieser Redlichkeit gelten ihm anscheinend noch mehr und müssen allen anderen Überlegungen vorangehen. »Eher würde ich die Amtsgeschäfte scheitern lassen als meinen Glauben und mein Gewissen ihrem Dienst unterordnen.« Hier nehme ich ihn lieber beim Wort, als mir darüber Gedanken zu machen, ob er sich ein wenig herausstreicht; denn in unserer Zeit ist es wichtig, daß solche Worte gehört werden, so wie es auch in jener wirren Zeit, in der Montaigne lebte, darauf ankam, daß ein paar unbescholtene Geister an ihrer Unabhängigkeit gegenüber herdenmäßiger Unterwerfung und feiger Anpassung festhielten. »Alle allgemeinen Urteile sind feig und gefährlich«; oder: »Keine Lebensweise ist so töricht und kraftlos wie die, welche sich allein nach Zucht und Vorschrift richtet.« Die *Essais* sind reich an solchen Sätzen, und weil ich sie – gerade auch heute – für wegweisend halte, zitiere ich auch noch diesen: »Das öffentliche Wohl erheischt, daß man verrate, lüge [leider mußte er später noch hinzufügen: »und morde«]; überlassen wir es folgsameren und geschmeidigeren Leuten, dies zu besorgen.« Für die Politik war Montaigne sichtlich nicht geschaffen.

Ebenso ungeeignet fühlte er sich für die Leitung von Amtsgeschäften. Als er seine Magistratsfunktionen aufgab, und auch als er sich später aus der Mairie von Bordeaux zurückzog, um sich nur noch mit sich selbst zu beschäftigen, meinte er mit Recht, den größten Dienst könne er dem Staat mit der Ausarbeitung seiner *Essais* erweisen. Dem Staat und, so wird man hinzufügen: der ganzen Menschheit; denn man muß sehen, daß der Menschheitsgedanke bei ihm hoch über dem Gedanken an das Vaterland steht. Nach einem großen Loblied auf Frankreich, oder wenigstens auf Paris, »den Ruhm Frankreichs und eine der edelsten Zierden der Welt«, das er »mitsamt seinen Warzen und Flecken innig liebt«, legt er Wert auf die Feststellung, daß seine Liebe zum Menschengeschlecht noch größer ist: »Ich achte alle Menschen für meine Landsleute und umarme einen Polen wie einen Franzosen, indem ich die nationale Verbundenheit der universalen und allgemeinen unterordne.« Und weiter: »Die reinen Freundschaften, die wir aus eigenem Antrieb schließen, übertreffen gemeinhin diejenigen, zu denen uns das gemeinsame Blut oder Klima zusammenführt. Die Natur hat uns frei und ungebunden zur Welt gebracht; wir setzen uns an bestimmten Orten gefangen, so wie die Könige von Persien, die sich verpflichteten, niemals ein anderes Wasser als jenes aus dem Flusse Choaspes zu trinken, auf ihr Recht, alle anderen Wasser zu gebrauchen, törichterweise verzichteten und die ganze übrige Welt ihretwegen eintrocknen ließen.«

Montaigne bleibt einem nie eine Antwort schuldig: er spricht ohne Plan und Methode von allem, und so kann jeder aus den *Essais* herauslesen, was er mag und was ein anderer gar nicht beachtet hätte. Es gibt keinen Autor, den man leichter für sich in Anspruch nehmen kann, ohne ihn eigentlich zu mißbrauchen, denn er selber macht es nicht anders, er widerspricht und mißdeutet sich immerfort selbst. »Ich gebe ganz offen zu«, gesteht er, »daß ich nach Bedarf eine Kerze dem heiligen Michael und eine zweite seinem Drachen weihen würde.« Was ganz gewiß dem Drachen besser gefiele als dem heiligen Michael. So kommt es, daß er von den Überzeugten – die er nicht liebt – nicht geliebt wird. Und dies erklärt, daß er nach seinem Tod nicht in hohem Ansehen stand, jedenfalls nicht in Frankreich, wo sich die Überzeugungen erbittert bekämpften. Zwischen 1595 (er war 1592 gestorben) und 1635 erschienen nur drei oder vier Neuausgaben der *Essais*. Im Ausland dagegen, in Italien, in Spanien und vor allem in England, wurde er in dieser Zeit der Ungunst oder einer nur halben Gunst in der Heimat rasch populär. In den Werken Bacons und Shakespeares finden wir deutliche Spuren seines Einflusses.

Indem er sich vom Christentum entfernt, nähert er sich – vorwegnehmend – Goethe. »Was mich betrifft, so liebe ich das Leben und pflege es so, wie Gott es uns übermacht hat. [...] Die Natur ist ein freundlicher Führer, und nicht minder klug und gerecht.« Diese Sätze, beinahe die letzten der *Essais*, hätte Goethe gewiß gerne gegengezeichnet. Hier kommt die Weisheit Montaignes an ihr Ziel. Kein Wort ist da zuviel. Montaigne legt großen Wert darauf, den Gedanken des Pflegens, der Klugheit und der Gerechtigkeit mit seiner Liebeserklärung an das Leben zu verbinden.

Was er uns vor allem lehrt, ist das, was man viel später »Liberalismus« nennen wird; und mir scheint, dies sei heute das Wertvollste, was wir von ihm lernen können: in einer Zeit, da die politischen oder religiösen Überzeugungen alle Menschen auseinander- und gegeneinander aufbringen. »In der gegenwärtigen Zerstrittenheit dieses Staates«, sagt er, »hat mich mein Interesse weder die lobenswerten Eigenschaften meiner Gegner noch die tadelnswürdigen meiner Freunde verkennen lassen.« Etwas später fügt er hinzu: »Ein gutes Schriftwerk verliert seine Reize nicht dadurch, daß es gegen mich gerichtet ist.« Und noch später, in letzter Stunde, diese wunderbaren Zeilen: »Man will, daß unsere Auffassung, unser Urteil nicht der Wahrheit zugute kommen soll, sondern der Erfüllung unserer Wünsche. Ich würde eher nach der anderen Seite fehlen, so sehr scheue ich die Verführung durch meine Wünsche. Zumal ich nicht so ganz fest bin im Mißtrauen gegen die Dinge, die ich begehre.« Diese geistige und seelische Disposition ist nie so wünschenswert und würde nie so gute Dienste leisten wie in Zeiten, da sie am meisten verachtet wird.

Der seltene und ungewöhnlich starke Hang, von dem er oft spricht: die Meinung anderer anzuhören und sich sogar in dem Maße anzueignen, daß er ihr vor der seinen den Vorzug gibt, hält ihn davon zurück, sich allzu weit in die Richtung vorzuwagen, die später Nietzsche einschlagen wird. Und Zurückhaltung auferlegt ihm auch eine angeborene Vorsicht, die er zu seinem Schutz nicht leicht ablegt. Er scheut die einsamen Gegenden und die Regionen, in denen die Luft zu dünn wird. Doch eine unruhige Neugierde spornt ihn an, und im Bereich der Ideen ist er so unaufhörlich unterwegs, wie er es in der Zeit seiner Reisen war. Der Sekretär, der ihn begleitete, hat ein Tagebuch geführt. »Ich sah ihn nie weniger müde«, lesen wir dort, »und nie klagte er weniger über seine Schmerzen (er litt damals an Blasengries, was ihn nicht hinderte, stundenlang im Sattel zu bleiben), denn auf den Straßen wie in den Herbergen war er so sehr auf alles gespannt, was ihm begegnen konnte, und so begierig, sich mit Fremden zu unterhalten, daß es ihn ganz von seinem Übel ablenkte.« Er erklärte »nichts Besseres vorzuhaben, als sich in fremden Gegenden umzutun«; und »das Reisen machte ihm solches Vergnügen, daß ihm die Nähe des Ortes verhaßt war, an dem er rasten sollte«. So pflegte er auch zu sagen, »daß er am Morgen nach einer unruhig verbrachten Nacht, wenn er sich daran erinnerte, daß er eine Stadt oder eine neue Landschaft sehen sollte, begierig und freudig aufstand«. Er selbst schreibt in seinen *Essais*: »Ich weiß wohl, daß die Freude am Reisen genau genommen von Unruhe und Unentschlossenheit zeugt; auch sind dies unsere vorherrschenden und bestimmenden Eigenschaften. Ja, ich bekenne es, ich sehe nichts, auch nicht in meinen Träumen und Wünschen, woran ich mich halten könnte; allein die Abwechslung macht mir Freude, und der Besitz der Vielfalt.«

Montaigne war schon fast fünfzig Jahre alt, als er zur ersten und einzigen großen Reise seines Lebens, nach Süddeutschland und Italien, aufbrach. Diese Reise dauerte siebzehn Monate; und wahrscheinlich hätte sie, in Anbetracht des Hochgenusses, den sie ihm bereitete, noch länger gedauert, wenn nicht seine unerwartete Ernennung zum Bürgermeister von Bordeaux ihn plötzlich nach Frankreich zurückgerufen hätte. Von da an überträgt er die frohgemute Neugier, die ihn in die Fremde geführt hat, auf die Ideen.

Überaus lehrreich ist es, von Ausgabe zu Ausgabe der *Essais* den Wandel in seiner Haltung gegenüber dem Tod zu verfolgen. Er gibt einem der ersten Kapitel seines Buches den Titel: »Philosophieren heißt sterben lernen«. Darin lesen wir: »Mit nichts habe ich mich jemals mehr beschäftigt als mit den Vorstellungen vom Tode, selbst in meinem ausgelassensten Lebensabschnitt.« Es gehe darum, sich mit diesen Vorstellungen vertraut zu machen, ihre Schrecken zu mindern. Und in der letzten Ausgabe der *Essais* kann er sagen: »Ich danke Gott, daß ich weggehen kann, wann es ihm gefällt, ohne ein Bedauern über irgend etwas. Ich löse mich von allem; schnell habe ich Abschied genommen von jedermann, außer von mir. Nie war ein Mensch so rein und völlig darauf gefaßt, die Welt zu verlassen, und so ganz von ihr abgeschieden, wie ich es von mir erwarte« ... »Das Kommen des Todes wird mich nichts Neues mehr lehren.« Fast brachte er es dahin, den Tod zu lieben, so wie er alles Natürliche liebte.

Montaigne starb, wie uns berichtet wird, einen sehr christlichen Tod. Allerdings lag das kaum in seiner Absicht. Seine Frau und seine Tochter standen ihm in seinen letzten Augenblicken bei, und sie werden ihn – aus Mitgefühl, wie es oft geschieht – nicht zu dem »in sich gesammelten, ruhigen, einsamen, ganz mir gehörigen, meinem eigenen, zurückgezogenen Leben entsprechenden Tod« angehalten haben, mit dem er sich »begnügt« hätte, sondern ihn frömmer, als er gewollt hätte, sterben lassen. Vielleicht hatte er das vorausgespürt, als er schrieb: »Wenn ich ihn aber wählen könnte [meinen Tod], dann wünschte ich ihn mir, glaube ich, eher zu Pferd als in einem Bett, außer dem Haus und fern von den Meinen.«

Wenn man mir vorwirft, daß ich Montaignes Gedanken überspitzt wiedergegeben hätte, so erwidere ich, daß viele Kommentatoren sich alle Mühe geben, ihnen die Spitze zu nehmen. Ich habe sie nur aus ihrer Hülle geschält, aus dem

Werg gewickelt, das die *Essais* ein wenig verstopft und uns manchen Zug verbirgt. Gegenüber den wagemutigen Schriftstellern, die dennoch zu Klassikern geworden sind, lassen sich die Pädagogen vom ernsten Bestreben leiten, sie zu verharmlosen; und ich staune, wie allein schon ganz unwillkürlich die Zeit daran arbeitet. Wie bald scheint die Schärfe aller Gedanken sich zu vermindern; andererseits bewirkt eine Art von Gewöhnung, daß man mit ihnen umgehn kann, ohne sich weh zu tun.

Auf seiner Italienreise ist Montaigne überrascht, die stolzesten Denkmäler des alten Rom oft im Schutt halb begraben zu finden. Sie bröckeln allmählich von der Spitze her ab. Doch eben durch ihre Trümmer hebt sich der Boden, auf dem wir gehen, und wenn uns ein Turm heute weniger hoch erscheint, so rührt das auch daher, daß wir weniger tief stehen, um ihn anzuschauen.

André Gide

Der Autor an den Leser

Dies ist ein aufrichtiges Buch. Es kündigt dir zum Eingang schon an, daß ich damit keine andere als eine private und persönliche Absicht verfolgt habe; es war nicht mein Bestreben, dir zu dienen oder mir Ruhm zu verschaffen: zu solchem Beginnen reichen meine Kräfte nicht aus. Ich wollte es meinen Verwandten und Freunden zu Gefallen tun: Wenn sie mich werden verloren haben (was recht bald schon sein muß), können sie darin einige Züge meiner Lebensart und Gemütsart wiederfinden und um so vollständiger und lebendiger ihre Kenntnis von meiner Person bewahren. Wäre es mir um den Beifall der Öffentlichkeit zu tun gewesen, ich hätte mich mit entliehenen Vorzügen geschmückt oder mich von meiner besten Seite gezeigt. Ich will aber, daß man mich hier in meiner natürlichen, schlichten, gewöhnlichen Art sieht, ohne Kunst und ohne Anstrengung; denn ich male mich selbst. Meine Fehler, meine Unvollkommenheiten, mein innerstes Wesen wird man abgebildet finden, soweit es die Schicklichkeit irgend erlaubt. Hätte ich in einer jener Nationen gelebt, die noch, wie es heißt, die sanfte Freiheit der ersten Naturgesetze genießen, ich hätte mich gerne völlig und nackt gemalt. So bin ich, mein Leser, selber der Gegenstand meines Buches: es gibt keinen Grund, weshalb du deine Muße auf ein so eitles und nichtiges Thema wenden solltest.

Mit Gott denn; Montaigne, den 1. März 1580

Wie Montaigne dazu kam, seine Essais zu schreiben

Als ich mich letzthin nach Hause begab, entschlossen, mich so weit wie möglich auf nichts anderes einzulassen, als den Rest meines Lebens in Ruhe und ganz für mich zuzubringen, da schien es mir, als könnte ich meinem Geist keinen größern Gefallen tun, als ihn in voller Muße der Beschäftigung mit sich und der Einkehr bei sich selber zu überlassen. Und ich hoffte, er könnte dies um so leichter tun, als er mit der Zeit an Stete und Reife gewonnen hatte. Nun finde ich aber, da ich dem Roß seinen Lauf gelassen, daß er sich hundertmal mehr um sich selber zu schaffen macht, als er vordem für andre getan, und mir so viele Chimären und Ausgeburten der Einbildung ohne Vorsatz und Ordnung hervorbringt, daß ich begonnen habe, sie aufzuzeichnen, um ihre Seltsamkeit und Torheit ruhig zu betrachten und hoffentlich im Lauf der Zeit ihn selbst mit ihnen zu beschämen.

Erstes Buch, Kapitel 8

Gedanken über den Tod

Das Ziel unseres Lebenslaufs ist der Tod; auf ihn müssen wir unseren Blick notwendigerweise richten. Wenn er uns schreckt, wie können wir dann einen Schritt tun, ohne zu schaudern? Das gemeine Volk hilft sich damit, daß es nicht an ihn denkt. Woher aber nimmt es die Dummheit und Roheit für solche Verblendung?

[...]

Welche Torheit, sich auf diese Art durchzuhelfen. Die Menschen gehen, kommen, laufen, tanzen; vom Tod haben sie nichts gehört. Das ist alles recht schön; aber wenn er dann kommt, ob zu ihnen, ob zu ihren Frauen, Kindern und Freunden, unerwartet, am hellen Tag, welche Qual, welch Geschrei, welche Wut! Und welche Verzweiflung ergreift sie! Hat man je schon etwas so Ausgewechseltes, Bedrücktes und Verwirrtes gesehen? Wir müssen uns früher darauf gefaßt machen; dieses viehisch unbekümmerte Wesen, dürfte es sich in dem Kopf eines verständigen Mannes einnisten, was mich völlig unmöglich dünkt, wir können es uns nicht leisten. Wenn es ein Feind wäre, dem man ausweichen kann, würde ich raten, Zuflucht bei der Feigheit zu nehmen; doch da dies nicht angeht, da er euch doch erwischt, ob ihr feig seid und flüchtet oder euch haltet wie ein redlicher Mann, und da euch kein Harnisch schützt, so laßt uns lernen, in festem Stand den Kampf mit ihm aufzunehmen.

[...]

Mehr noch: ich weiß aus Erfahrung, daß die Natur uns selbst beisteht und uns Mut verleiht. Ist es ein rascher, gewaltsamer Tod, so haben wir keine Zeit, ihn zu fürchten; ist er von anderer Art, so bemerke ich, daß ich in eben dem Maße, wie ich auf seine Annäherungen und auf die Krankheit eingehe, ganz unwillkürlich und von selbst das Leben ein wenig geringer schätze. Es macht mir weit mehr zu schaffen, die Entscheidung für den Tod zu verdauen, wenn ich bei voller Kraft und Gesundheit als wenn ich krank bin: zumal ich da nicht mehr so sehr an den Annehmlichkeiten des Lebens hänge, weil ich mich ihres Genusses und der Freude an ihnen zu entwöhnen beginne; so erblicke ich den Tod mit viel geringerem Schrecken. Und dies läßt mich hoffen, daß ich, je weiter ich mich von jenem entferne und diesem mich nähere, um so leichter auf den Tausch werde eingehen können. Gerade so, wie ich bei andern Gelegenheiten bestätigt fand, was Cäsar gesagt hat: daß uns die Dinge oftmals von weitem größer erscheinen als aus der Nähe, so eben habe ich festgestellt, daß mir vor den Krankheiten viel mehr graute, wenn ich gesund war, als wenn ich sie spürte. Solange ich munter, rüstig und vergnügt bin, will mir jener andere Zustand so ungleich dem jetzigen erscheinen, daß ich in meiner Einbildung das Unangenehme um die Hälfte vergrößere und es mir schwerer vorstelle, als wenn ich es auf dem Hals habe; ich hoffe, daß es mir mit dem Tod nicht anders ergehen werde.

[...]

Man soll nichts beginnen, was lange Zeit währen wird, oder man darf nicht sein Herz daran hängen, es vollendet zu sehen. Wir sind geboren, um tätig zu sein. Ich meine, wir sollen nur immerzu tätig sein; der Tod soll mich antreffen, wie ich meinen Kohl pflanze, unbesorgt um seinetwillen und erst recht um meinen unfertigen Garten.

Erstes Buch, Kapitel 20

Von der Gewohnheit

Die Gesetze des Gewissens, von denen wir meinen, sie stammten aus der Natur, sind Kinder der Gewohnheit. Ein jeder hält für sich die Auffassungen und die Sitten hoch, die um ihn her gebilligt und als gültig anerkannt werden; er kann sich ihnen nicht ohne Gewissensbisse entziehen, sich ihnen nicht ohne Beifall fügen.

[...] Die hauptsächliche Wirkung ihrer Macht besteht jedoch darin, uns dergestalt zu ergreifen und einzunehmen, daß wir kaum noch die Kraft haben, uns ihnen zu entziehen und in uns selber zurückzukehren, um das Für und das Wider ihrer Weisungen zu bedenken. Da wir sie nämlich mit unserer Muttermilch einsaugen und sich das Antlitz der Welt uns zuerst in diesem Aussehen darstellt, scheinen wir dazu geboren zu sein, dieser Bahn zu folgen. Und die gewöhnlichen Vorstellungen, die wir um uns anerkannt und mit dem Samen unserer Väter in uns eingepflanzt finden, dünken uns allgemein und natürlich.

Daher glaubt man von dem, was nicht im Rahmen der Gewohnheit ist, es sei auch nicht im Rahmen der Vernunft; Gott weiß, wie sehr gerade dies zumeist der Vernunft widerspricht! [...] Man nimmt aber den Rat und die Lehre der Wahrheit an, als gälten sie nicht einem selbst, sondern nur dem gewöhnlichen Volk; und statt sie dem eigenen Lebenswandel aufzuprägen, prägt man sie töricher- und unnützerweise seinem Gedächtnis ein.

Was aber die Herrschaft der Gewohnheit betrifft, so halten die Völker, die zur Freiheit und zur Selbstregierung erwachsen sind, jede andere Staatsform für ungeheuerlich und widernatürlich. Diejenigen, die sich der Monarchie unterziehen, halten es ebenso; und welch einfache Veränderung ihnen das Glück auch anbietet, sie haben selbst dann, wenn sie sich mit der größten Mühe eines lästigen Gebieters entledigt haben, nichts Eiligeres zu tun, als mit ebensolcher Mühe einen anderen einzusetzen, weil sie sich nicht entschließen können, das Regiment zu hassen. Dank der Vermittlung der Gewohnheit ist ein jeder mit dem Ort zufrieden, an den die Natur ihn gesetzt hat; und die Wilden in Schottland bekümmern sich so wenig um die Touraine wie die Skythen um Thessalien.

[...]

Die Gewohnheit entzieht unserem Blick das wahre Antlitz der Dinge.

[...] Wer aber versucht, sich des mächtigen Vorurteils der Gewohnheit zu entledigen, der wird manches finden, das durch unangefochtenen Beschluß angenommen worden und durch nichts weiter gestützt ist als durch den Silberbart und die Runzeln des Brauchs; reißt er die Maske ab, bezieht er die Dinge auf die Wahrheit und auf die Vernunft, so wird er sein Urteil umgestoßen und gleichzeitig auf festeren Grund gestellt finden.

[...]

Diese Betrachtungen bringen keinen verständigen Mann davon ab, sich gemeiner Lebensweise zu fügen. Vielmehr scheint mir umgekehrt, daß jede ausgefallene und eigentümliche Aufführung eher von Narrheit oder von ehrgeiziger Ziererei herrührt als von wahrer Vernunft, und daß der

Weise zwar seine Seele aus dem Gedränge in sich selber zurückziehen und ihr die Freiheit und Vollmacht des Urteils über die Dinge erhalten, äußerlich aber den eingebürgerten Formen sich fügen soll. Unsere Gedanken gehen die Gesellschaft, das öffentliche Wesen nichts an; aber das übrige, unsere Handlungen, unsere Arbeit, unsere Güter und unser Leben, sollen wir in ihren Dienst stellen und gemeiner Auffassung überantworten: so wie der gute und große Sokrates sich geweigert hat, durch Ungehorsam gegen die Obrigkeit, und eine höchst ungerechte Obrigkeit, sein Leben zu retten. Denn dies ist die Regel aller Regeln und das allgemeinste Gesetz, daß ein jeder die Gesetze des Ortes einhalte, an dem er ist.

Erstes Buch, Kapitel 23

Von der Erziehung

Ich habe nie einen Vater gesehen, der seinen Sohn, ob er auch bucklig und lahm war, nicht als den seinen erkannte; und dies nicht deshalb, weil er im Überschwang des Gefühls seine Schwäche nicht wahrgenommen hätte; sondern nur weil es eben sein Sohn war. So sehe auch ich genauer als jeder andre, daß dies hier die Träumerei, und nichts weiter, eines Menschen ist, der als Kind nur die oberste Schicht von den Wissenschaften gekostet und nur einen allgemeinen und verschwommenen Eindruck von ihr bewahrt hat: ein bißchen von jedem, und nichts im Ganzen, nach der Art der Franzosen. Das heißt, ich weiß, daß es eine Heilkunst, eine Rechtsgelehrsamkeit, eine vierteilige Mathematik gibt, und worauf sie ungefähr abzielen; auch, was diese Wissenschaften für unser Leben wohl etwa bedeuten. Doch nie bin ich weiter vorgedrungen und habe mir nie die Fingernägel beim Studium des Platon oder des Aristoteles abgebissen. Und es gibt keine Kunst, von der ich auch nur die äußersten Umrisse angeben könnte; und auch kein Kind der mittlern Klassen gibt es, das sich nicht gelehrter nennen dürfte als ich, der ich nicht genug weiß, um es über seine erste Lektion auszufragen. Zwingt man mich aber dazu, so bin ich genötigt, etwas daraus zu ziehen, das allgemein gelten mag und woran ich das natürliche Urteilsvermögen des Kindes erkunden kann: ein Unterricht, der ihm ebenso fremd ist wie mir der seine. [...]

Meine Vorstellungen und meine Urteile gehen nur tastend, schwankend, stolpernd und strauchelnd voran; und wenn ich so weit gekommen bin, wie es mir möglich ist, bin ich durchaus nicht zufrieden: ich sehe immer noch Land vor mir, aber verschwommen und in einem Nebel, den ich nicht durchdringen kann.

[...]

Ein Kind aus gutem Hause, das sich mit Literatur und Wissenschaft vertraut machen möchte, nicht des Gewinnes wegen (denn ein so niedriges Ziel ist der Gunst und der Gnade der Musen nicht würdig und macht dazu noch von anderen abhängig) und nicht so sehr um äußerer Annehmlichkeiten als um seiner selbst willen und um sich inwendig zu bereichern und zu verschönern, da es denn lieber ein weltläufiger als ein gelehrter Mann werden möchte, für ein solches Kind sollte man einen Erzieher wählen, der eher einen wohlgeratenen als einen vollgestopften Kopf hätte. Man sollte auf beides achten, aber mehr auf Sitten und Verstand als auf das Wissen; er aber sollte sich seines Amts auf eine neue Weise annehmen.

Man schreit uns unaufhörlich die Ohren voll, als gösse man in ein Faß, und wir brauchen nur zu wiederholen, was man uns vorgesagt hat. Er sollte diese Methode verbessern und sollte den Zögling von Anfang an, je nach dessen Gesichtskreis, auf die Probe stellen, ihm die Dinge zu schmekken, zu wählen, zu unterscheiden geben, ihm bald den Weg zeigen, ihn bald vorangehen lassen. Er sollte nicht nur sich etwas ausdenken und reden, er soll auch zuhören, wie der Schüler spricht. [...]

Wir machen ihn sklavisch und feige, wenn wir ihm nicht die Freiheit gewähren, aus sich selber etwas zu tun.

[...]

In dieser Schule des Umgangs mit Menschen habe ich oft den Fehler bemerkt, daß wir, statt andere kennenzulernen, uns selber bekannt machen wollen und eher bemüht sind, mit unserer Ware zu handeln, als uns neue zu besorgen. Schweigsamkeit und Bescheidenheit sind Eigenschaften, die dem Gespräch wohlbekommen. [...] Man lehre ihn, wählerisch zu sein bei der Anführung seiner Gründe, das treffende Wort und so auch die Kürze zu suchen; und besonders auch, sich vor der Wahrheit, sobald er sie sieht, geschlagen zu geben, ob sie nun aus der Hand seines Gegners kommt oder in ihm selbst, wenn er sich eines Bessern besonnen, entspringt.

[...]

Ich wollte, wir könnten bei Palvallo oder Pompeo, den schönen Tänzern unserer Zeit, Kapriolen lernen allein vom Zuschauen, ohne uns von der Stelle zu rühren, so wie uns diese unsern Verstand unterrichten wollen, ohne ihn zu bewegen und zu betätigen; oder daß man uns das Reiten beibrächte, oder eine Lanze zu führen, die Laute zu spielen, zu singen, ohne daß wir uns übten, so wie uns diese ein rechtes Urteil und gute Beredsamkeit lehren wollen, ohne daß wir das Reden oder das Urteilen üben. Nun dient uns zu solchem Urteile alles, was uns vor Augen kommt, als ein nützliches Buch: die Hinterlist eines Pagen, die Dummheit eines Bediensteten, eine Unterhaltung bei Tisch sind ebenso viele neue Materien.

Daher ist der Verkehr mit den Menschen zu dem Zweck höchst geeignet, und ebenso die Besichtigung fremder Länder, nicht nur um nach Art unseres französischen Adels berichten zu können, wie viele Schritte das Pantheon messe, wie kostbar das Unterzeug von Signora Livia oder, nach anderen, wieviel höher oder breiter Neros Gesicht auf dieser als auf jener alten Denkmünze sei, sondern um hauptsächlich von der Gemütsart und von der Aufführung jener Völker zu berichten und um unseren Sinn an dem der andern zu reiben und zu glätten. Ich wollte, man ließe den Zögling von frühester Kindheit an reisen, und zwar, um auf einen Schlag zweierlei zu erreichen, zuerst unter jenen Nachbarvölkern, deren Sprache am weitesten von der unsern entfernt ist und von der Zunge nicht mehr beherrscht wird, wenn man sie nicht beizeiten erlernt.

Es gilt auch als ausgemacht, daß es unklug sei, ein Kind im Umkreise seiner Eltern aufwachsen zu lassen: die natürliche Liebe macht auch die weisesten zärtlich und schwach; sie sind nicht imstand, seine Fehler zu bestrafen oder zuzusehen, wie es hart, nach der Regel und ohne Nachsicht erzogen wird; hart, nach der Regel und auch nicht ohne Gefahr. [...]

Es genügt nicht, seine Seele widerstandsfähig zu machen, auch seine Muskeln sollen es werden; die Seele muß zu viel aushalten, wenn sie nicht unterstützt wird, und hat zu viel Arbeit, wenn sie zwei Dienste versehen soll. Ich weiß, wie schwer die meine es hat in Gesellschaft eines so zarten, empfindlichen Körpers, der sich so gerne auf sie verläßt.

[...]

Die Seele, in der die Philosophie wohnt, muß durch ihre Gesundheit auch den Körper gesund machen; sie muß ihr Wohlergehen, ihre Ruhe und ihr Behagen nach außen leuchten lassen und die äußere Erscheinung nach ihrem

Muster heranbilden, sie also mit stolzer Anmut, tätigem und fröhlichem Bezeigen, gesetztem und freundlichem Auftreten zieren und wappnen. [...]

Zweck der Philosophie ist die Tugend, welche sich nicht – wie die Schule meint – auf dem Gipfel eines steilen, rauhen und unerklimmbaren Berges findet. Wer zu ihr gelangt ist, weiß sie im Gegenteil in einer schönen, fruchtbaren, blühenden Ebene angesiedelt, von wo sie weithin auf alles herabsieht; wer aber Bescheid weiß, kann auch gemächlich, auf schattigen Wiesen- und Blumenwegen und über einen sanften, geebneten Anstieg als wie zum Himmelsgewölbe zu ihr kommen. Nur weil sie mit dieser höchsten, schönen und siegreichen, liebevollen und ebenso reizenden als beherzten Tugend, der erklärten und unversöhnlichen Feindin des Unmuts, des Mißvergnügens, der Furcht und des Zwanges, die im Verein mit dem Glück und der Lust der Natur folgt, sich nicht vertraut gemacht haben [...]

Sie kann reich und mächtig, sie kann gelehrt sein und kann in duftenden Betten schlafen: sie liebt das Leben, sie liebt die Schönheit, den Ruhm und das Wohlergehen. Doch das Besondere, Eigene ist, daß sie sich dieser guten Dinge in geordneter Weise bedienen und sie mit Gleichmut verlieren kann. [...]

Ich verlange nicht, daß man das Kind in eine Klosterschule sperre, daß man es der üblen Laune und dem düstern Gemüt eines cholerischen Schulmeisters ausliefere; ich will nicht, wie die anderen, seinen Geist verderben und es vierzehn oder fünfzehn Stunden am Tag sich gleich einem Lastträger plagen und abmühen lassen.

Auch würde ich, wenn man sähe, daß es sich aus einer Anlage zur Einsamkeit und zur Schwermut mit allzu großer Begierde dem Lesen widmete, nicht dazu raten, es darin zu bestärken: das schadet dem gesellschaftlichen Umgang und hält von besseren Beschäftigungen ab. Wie viele Menschen habe ich doch zu meiner Zeit gesehen, die durch ein Übermaß an Wißbegierde dumm geworden sind. [...]

Auch die Spiele und die Leibesübungen sollen zum Studium gehören: der Wettlauf, der Ringkampf; die Musik und der Tanz; Jagd, Reiten und Fechten. Die äußere Lebensart, das anständige Auftreten der Person wird zugleich mit der Seele herangebildet. Man zieht nicht eine Seele und nicht einen Körper heran, sondern einen Menschen; man soll nicht zwei daraus machen. [...]

Welche Art ist das, die Lust zum Unterricht in diesen zarten und furchtsamen Seelen zu wecken, daß man sie mit hochrotem Kopfe und mit Ruten bewaffnet anleitet! [...] Wie viel schicklicher wären ihre Schulzimmer mit Blumen und Laub geschmückt statt mit blutigen Weidenruten! Ich würde die Freude, die Heiterkeit, Flora und die Grazien darin abbilden lassen, wie einst der Philosoph Speusippos in seiner Schule getan hat. Wo ihr Nutzen ist, soll auch ihr Zeitvertreib sein. Die Speise, die dem Kind bekömmlich ist, soll man mit Zucker, die schädliche mit Galle versetzen. [...]

Weil der Körper noch biegsam ist, soll man ihn allen Haltungen und Gewohnheiten anpassen; und kann man Begierde und Willen im Zaum halten, so darf man einen jungen Mann ganz getrost mit allen Völkern und Gesellschaften, und so auch, wenn es denn sein muß, mit der

Unregelmäßigkeit und den Ausschweifungen vertraut machen: er soll alles tun können und nur das Gute gern tun.

[...]

Gewiß ist das Griechische und das Latein eine schöne und große Zierde, die aber zu teuer bezahlt wird. Ich will hier ein Mittel beschreiben, wie man sie wohlfeiler haben kann; es ist an mir selbst erprobt worden, und wer da will, mag sich seiner bedienen.

Mein seliger Vater, der sich bei kundigen und verständigen Leuten so gründlich wie möglich nach einer vorzüglichen Art der Erziehung erkundigt hatte, wurde über diesen Nachteil belehrt; und man sagte ihm, daß die lange Dauer unseres eines Unterrichts in den Sprachen der einzige Grund sei, warum wir es in der Wissenschaft nicht zur Vollkommenheit der alten Griechen und Römer brächten, zumal ja die Sprache sie selber nichts kostete; ich kann freilich nicht glauben, daß dies der einzige Grund dafür sei. Indes fand mein Vater hier Abhilfe, indem er mich schon im Säuglingsalter und ehe sich meine Zunge löste, einem Deutschen anvertraute, der seitdem als ein berühmter Arzt in Frankreich gestorben ist und der unserer Sprache ganz unkundig war, das Latein aber völlig beherrschte. Dieser Mann, den er eigens hatte kommen lassen und der sehr gut entlöhnt ward, hatte mich beständig auf den Armen. Er hatte noch zwei andere, minder Gelehrte bei sich, die um mich sein und mir dienen mußten und ihn entlasteten. Diese redeten in keiner anderen Sprache mit mir als Latein. Für die übrigen Menschen im Haus galt als unverbrüchliche Regel, daß weder mein Vater selbst noch meine Mutter, weder Diener noch Zimmermagd in meiner Gegenwart mehr sprach als die lateinischen Worte, die ein jedes gelernt hatte, um mich zu unterhalten. Dies brachte allen erstaunlichen Nutzen; mein Vater und meine Mutter lernten hinreichend Latein, um es zu verstehen, und eigneten sich genug davon an, um es im Notfall sprechen zu können; so auch die Bediensteten, die am meisten mit mir zu tun hatten. Kurzum, wir latinisierten, daß es bis in unsere Dörfer drang, wo man es jetzt noch hört und manche lateinische Namen für Handwerker und Werkzeug in Gebrauch gekommen sind. Was aber mich angeht, so war ich mehr als sechs Jahre alt und hatte noch ebenso viel Französisch und Perigordinisch wie Arabisch gehört und hatte so ohne Kunst, ohne Buch, ohne Grammatik oder Unterricht, ohne Rute und Tränen ein ebenso reines Latein gelernt, wie mein Lehrer es wußte; denn ich hatte es durch nichts verfälschen oder vermischen können. [...]

Was das Griechische angeht, von dem ich fast gar keine Kenntnisse habe, so gedachte mein Vater es mich kunstmäßig lernen zu lassen, aber auf eine neue Weise, in der Form eines Spieles und Zeitvertreibs: wir warfen uns die Deklinationen zu, so wie andere die Arithmetik und die Geometrie durch Brettspiele lernen. Denn man hatte ihm unter anderm geraten, mich zur Wissenschaft und zur Pflicht ohne Zwang und durch meinen eigenen Wunsch anzuhalten und meine Seele in aller Sanftmut und Freiheit, ohne Strenge und Druck aufzuziehen. Und das ging bis zum Aberglauben; denn weil einige meinen, daß es das zarte Gehirn der Kinder verwirre, wenn man sie morgens gewaltsam mit einem Schlag aus dem Schlaf schrecke (der bei ihnen viel tiefer ist als bei uns), so ließ er mich durch den Klang eines Instruments wecken und hatte stets einen Mann, der mir damit diente.

Dieses Beispiel genügt wohl, daß man sich alles übrige vorstelle und auch die Klugheit und Vorsicht sowohl wie die Liebe eines so gütigen Vaters erkenne, dessen Schuld es gewiß nicht ist, wenn er die Früchte, die einer so vorbildlichen Pflege entsprächen, nicht ernten konnte. Das hatte vielmehr zwei Ursachen: erstens das unfruchtbare und schwierige Feld; denn obschon ich bei völliger, guter Gesundheit war und zugleich von sanfter und fügsamer Sinnesart, war ich außerdem doch so träge, weichlich und schläfrig, daß man mich nicht aus der Untätigkeit reißen konnte, selbst wenn ich nur spielen sollte. Was ich sah, sah ich wohl, und bei all meinem müßigen Wesen nährte ich doch verwegene Einbildungen und hegte Gedanken, die meinem Alter voraus waren. Mein Geist war nicht rasch, und er ging nie weiter, als man ihn führte; ich faßte langsam auf, war nicht findig und hatte ein unglaublich schlechtes Gedächtnis. Bei alledem ist es kein Wunder, daß er nichts Tüchtiges aufziehen konnte.

Erstes Buch, Kapitel 26

Freundschaft mit Etienne de la Boëtie

Die Neigung zu den Frauen läßt sich damit, obschon sie aus unserer Wahl entspringt, nicht vergleichen und gehört nicht auf das gleiche Blatt. Ihr Feuer ist, wie ich gestehen muß, heftiger, schärfer und schmerzlicher; doch ist es ein wildes und wechselhaftes Feuer, eine Fieberhitze, die ausbricht und sich wieder legt und die uns bloß an einem Zipfel festhält. In der Freundschaft ist eine allgemeine und umfassende Wärme, gemäßigt und gleichbleibend, eine beständige, ruhige Wärme, sanft und gediegen, ohne Schärfe noch Andrang. In der Liebe aber ist nichts als ein rasendes Verlangen nach dem, was uns flieht. [...]

Was wir gemeinhin Freunde und Freundschaften nennen, sind bloße Bekanntschaften und Beziehungen, die bei irgendeiner Gelegenheit, zu irgendeinem Zweck angeknüpft worden sind, dank denen sich unsere Seelen verbinden. In der Freundschaft, von welcher ich spreche, vermengen sie sich und schmelzen so ganz ineinander, daß man die Naht nicht mehr sieht, die sie zusammengefügt hat. Müßte ich sagen, warum ich ihn liebte, so würde ich keine anderen Worte finden als diese: »Weil er es war und weil ich es war.« Es gibt da, über alles hinaus, was ich sagen und im besonderen anführen kann, eine unerklärliche und vom Schicksal verordnete Kraft, die unseren Bund vermittelte. Wir suchten einander, noch ehe wir uns gesehen hatten, auf Grund dessen, was wir voneinander hörten, und was einen größeren Einfluß auf unsere Neigung ausübte, als sich erklären läßt; ich glaube, durch eine Fügung des Himmels. Wir umarmten uns schon über unsere Namen; und bei unserer ersten Begegnung, welche der Zufall auf einem großen geselligen Fest in der Stadt herbeiführte, waren wir voneinander so eingenommen, so bekannt und vertraut miteinander, daß seither nichts uns so nahe war als einer dem andern.

[...]

Seit dem Tag, an dem ich ihn verloren habe, welke und schwinde ich hin, und selbst die Freuden, die sich mir bieten, verdoppeln nur, statt mich zu trösten, meinen Schmerz über seinen Verlust. Wir hatten alles geteilt; nun dünkt mich, ich raube ihm seine Hälfte. Ich war so darauf eingerichtet, in allem zu zweit zu sein, daß mich dünkt, ich sei nur noch halb.

Erstes Buch, Kapitel 28

Berichte über die Neue Welt

Ich habe lange einen Mann bei mir gehabt, der zehn oder zwölf Jahre in jener anderen Welt gewesen war, die in unserem Jahrhunderte dort entdeckt worden ist, wo Villegaignon an Land ging; er nannte es das Antarktische Frankreich. Diese Entdeckung unermeßlicher Landstriche scheint sehr bedeutend zu sein. Ich mag mich freilich nicht dafür verbürgen, daß in Zukunft nicht noch eine andere könnte gemacht werden; so viele Persönlichkeiten, die größer waren als wir, haben sich über diese getäuscht.

[...]

Der Mann, den ich bei mir hatte, war ein einfacher und ungehobelter Mensch; welches eine günstige Verfassung dafür ist, daß einer wahrhaftig berichte; denn fein gebildete Leute beachten zwar mehr Dinge viel genauer, aber sie geben ihre Meinung dazu; und um uns von ihrer Erklärung zu überzeugen, können sie sich nicht enthalten, die Geschichte ein wenig zu verändern. Sie stellen uns niemals die Dinge rein dar, sondern biegen sie zurecht und formen eine Maske je nach dem Gesicht, das sie daran gesehen haben; und um ihr Urteil glaubhaft und uns gefällig zu machen, geben sie von ihrer Seite her noch etwas zu der Sache hinzu, verlängern und vergrößern sie. So braucht man einen sehr vertrauenswürdigen oder einen sehr einfältigen Menschen, der nichts hat, womit er zu bauen und falschen Erfindungen den Anschein von Wahrheit zu geben vermöchte; und daß er mit nichts versippt ist. Mein Mann war ein solcher. [...]

Ich wünschte, daß jeder das schriebe, was er weiß und soviel er weiß; nicht nur bei diesem, auch bei allen anderen Gegenständen; denn einer kann von der Beschaffenheit eines Flusses oder einer Quelle eine besondere Kenntnis oder Erfahrung haben, und sonst nichts wissen, als was ein jeder weiß. Er wird aber, um dieses Fragmentchen in Umlauf zu setzen, die ganze Naturlehre zu Papier bringen. Aus dieser Unart sprießt manch große Unannehmlichkeit.

Nun finde ich – um wieder auf mein Thema zu kommen – an dieser Nation, nach den Auskünften, die ich erhielt, nichts Barbarisches oder Wildes, es sei denn, »barbarisch« hieße für jeden das, was er nicht gewohnt ist. Wie es denn wirklich scheint, daß wir keinen andern Begriff von der Wahrheit und von der Vernunft haben als das Beispiel und die Vorstellung von den Meinungen und den Gebräuchen des Landes, in dem wir leben: da ist stets die vollkommene Religion, die vollkommene Staatsform, die vollendete und untadelige Ordnung aller Dinge.

[...]

Dies ist ein Volk, bei dem es keine Form von Handel gibt, keine Kenntnis der Schrift, keine Lehre von den Zahlen, keinen Begriff von Obrigkeit noch von Herrschaft oder von Dienstbarkeit; es kennt weder Reichtum noch Armut, keine Verträge, Erbfolgen oder Teilungen, keinerlei Tätigkeit außer zum Zeitvertreib, keine Rücksicht auf Verwandtschaft außer der allen gemeinsamen, keine Bekleidung, keinen Ackerbau, kein Metall, weder Wein noch Korn. Unbekannt sind ihm selbst schon die

Worte für Lüge, Verrat, Verstellung, Geiz, Neid, Verleumdung, Verzeihung.

[...]

Dies alles ist nicht so übel; doch wie! sie tragen ja keine Hosen.

Erstes Buch, Kapitel 31

Von der Dichtung

Dies ist wunderbar: wir haben viel mehr Dichter als Richter und Deuter der Dichtung; es ist leichter, sie zu machen, als sie zu verstehen. Auf einer niedrigeren Stufe kann man über sie nach den Regeln und nach dem Kunstverstand urteilen; aber die gute, die erhabene, göttliche steht über den Regeln und über der Vernunft. Wer ihre Schönheit mit ruhigem, festem Blick anschaut, der kann sie nicht sehen, so wenig wie den Strahl eines Blitzes: sie wirbt nicht um unseren Beifall, sie entreißt ihn uns, sie erobert ihn. Die Begeisterung, welche den ergreift, der in sie einzudringen vermag, packt auch einen dritten, dem sie erläutert und vorgetragen wird; so wie der Magnet nicht nur eine Nadel anzieht, sondern ihr auch seine Kraft mitteilt, andere anzuziehn; und am deutlichsten sieht man auf den Theatern, daß die geheiligte Inspiration der Musen, welche zuerst den Dichter zum Zorn, zur Trauer, zum Haß hingerissen, welche ihn außer sich und dahin gebracht hat, wo es ihnen gefällt, durch den Dichter und durch den Schauspieler noch ein ganzes Volk trifft; so reihen sich unsere Nadeln auf, und eine hängt an der andern. Seit meiner frühesten Kindheit hat die Dichtung die Wirkung getan, mich zu durchdringen und fortzureißen.

Erstes Buch, Kapitel 37

Wie er sein Buch verfaßt

Die Urteilskraft ist ein Werkzeug, das sich für jeden Gegenstand eignet, und sie mischt sich in alles. Für die Versuche, die ich hier mit ihr mache, benütze ich deshalb Gelegenheiten aller Art. Wenn ich von dem Gegenstand gar nichts verstehe, so versuche ich es eben dazu mit ihr, lote die Furt recht von weitem aus und bleibe, wenn ich sehe, daß sie für meine Größe zu tief ist, am Ufer; und diese Erkenntnis, daß man nicht weiterkommt, ist eine ihrer Wirkungen, ja, eine von denen, auf die sie sich am meisten zugute tut. Bei einem eitlen und nichtigen Gegenstand prüfe ich, ob sie imstande ist, ihm Gestalt zu geben, ihn zu festigen und zu stützen. Dann wieder wende ich sie an einen vornehmen und schon oft behandelten Gegenstand, bei dem es für sie nichts zu finden gibt, weil da der Pfad so gebahnt ist, daß sie nur auf den Spuren anderer gehen muß. Ihre Aufgabe ist es hier, den Weg zu wählen, der ihr der beste scheint, und zu sagen, daß unter tausend der oder jener der beste sei. Ich nehme aufs Geratewohl das erste beste Thema; mir sind alle recht, und ich setze mir niemals vor, sie ganz zu behandeln. [...] Von hundert Gesichtern und Gliedern, die jede Sache hat, nehme ich eines, bald um es nur zu belecken, bald um daran zu riechen, und manchmal um bis auf den Knochen hineinzustechen. Ich mache ein Loch, nicht sehr weit, aber möglichst tief; und meist liegt mir daran, die Dinge in einem unerwarteten Licht zu erfassen. Ich würde es wagen, einem Stoff ganz auf den Grund zu gehen, wenn ich mich nicht so gut kennte und mich über mein Unvermögen täuschte. Indem ich hier ein Wort und da ein Wort fallen lasse, Proben vom ganzen Stück, abgetrennt ohne Vorsatz und Plan, bin ich nicht gehalten, dafür zu bürgen und dabei zu bleiben, ohne meinen Sinn nach Belieben zu ändern, mich dem Zweifel, der Ungewißheit und meinem eigensten Zustand zu überlassen, welches die Unwissenheit ist.

Jede Bewegung verrät uns.

Erstes Buch, Kapitel 50

Wären diese Versuche es wert, daß man über sie urteilte, dann könnte es, dünkt mich, geschehen, daß sie weder den ungebildeten und gemeinen noch den besonderen und ausgezeichneten Geistern so recht gefielen: jene würden zu wenig, diese zu viel verstehen; in der mittleren Zone möchten sie fortkommen.

Erstes Buch, Kapitel 54

Von der Unbeständigkeit des Menschen

Ich traue den Menschen die Beständigkeit weniger leicht als alles andere zu, und die Unbeständigkeit leichter als alles andere. [...] Unsere gewöhnliche Lebensart ist es, je nach den Neigungen unseres Verlangens nach links, nach rechts, bergauf und bergab zu gehen, so wie der Wind der Gelegenheiten uns fortträgt; wir denken daran, was wir wollen, erst in dem Augenblick, da wir es wollen, und ändern uns wie jenes Tier, das die Farbe des Ortes annimmt, an den man es bringt. Was wir zu dieser Stunde uns vorgenommen, davon gehen wir bald wieder ab, und bald kommen wir darauf zurück: es ist nichts als Wankelmut. Wir gehen nicht, wie werden fortgetragen wie die Dinge, die bald sacht, bald in heftigem Zuge dahintreiben, je nach dem, ob das Wasser wild oder sanftmütig ist. Alle Tage ein neuer Einfall, und so bewegen sich unsere Stimmungen, wie sich die Zeit bewegt. [...] Und wer sich recht aufmerksam prüft, findet in sich, und gerade auch in seiner Urteilskraft, diesen Wankelmut und diese Ungleichheit. Ich kann von mir selbst nichts Ganzes, nichts Festes anführen, nichts ohne Verwirrung und Beimischung, nichts in einem Wort sagen. »Distinguo« ist das allgegenwärtige Glied meiner Logik.

[...] Daher muß man, um über einen Menschen zu urteilen, lange und aufmerksam seiner Spur folgen. [...] Es gehört sich nicht für einen gesetzten Verstand, uns einfach nach unseren äußeren Handlungen zu beurteilen; man muß das Innere ausloten und muß zusehn, von welchen Federn das Schwanken erzeugt wird; insofern aber dies ein gewagtes und bedeutendes Unternehmen ist, sollten nicht viele sich darauf einlassen.

Zweites Buch, Kapitel 1

Über seinen Vater

Sein Auftreten war von sanfter, respektvoller, durchaus bescheidener Würde; ungewöhnlich besorgt um eine ehrbare und anständige Erscheinung und Kleidung, zu Fuß wie zu Pferde; von unerhörter Treue zu seinem Wort und von einer Gewissenhaftigkeit, einer Frömmigkeit im allgemeinen, die eher zum Aberglauben als zu dessen Gegenteil neigte. Voller Kraft für einen Mann von kleiner Statur, aufrecht und wohlgebildet, von angenehmen Gesichtszügen, eher dunkel; ein Meister in allen adeligen Übungen. Ich habe noch Rohre gesehen, die mit Blei gefüllt waren, mit denen er seine Arme geübt haben soll, um sich auf das Speer- oder Steinwerfen oder auf das Fechten vorzubereiten, und Schuhe mit bleiernen Sohlen, um sich für das Laufen und Springen leichter zu machen. Man weiß noch von kleinen Wundern, die er im Hochsprung vollbracht hat. Ich habe ihn als über Sechzigjährigen gesehen, wie er unser Geschwindtun verspottete, sich im pelzgefütterten Mantel auf ein Pferd warf, auf seinen Daumen rings um den Tisch ging und kaum je zu seinem Zimmer hinaufstieg, ohne drei oder vier Stufen auf einmal zu nehmen.

Zweites Buch, Kapitel 2

Über seinen Unfall

Beschreibung und Unterweisung sind, auch wenn wir ihnen gern Glauben schenken, schwerlich imstande, uns bis zur Ausübung hinzuführen, wenn wir nicht unsere Seele darüber hinaus durch Erfahrung auf die Verrichtung hin üben und bilden, zu der sie sich schicken soll. [...]

Aber beim Sterben, welches die größte Verrichtung ist, die uns obliegt, kann uns die Übung nicht helfen. Man kann sich durch Gewöhnung und Erfahrung gegen die Schmerzen, die Schande, den Mangel und gegen manch anderes Unglück wappnen; den Tod aber können wir nur das eine Mal üben; wir sind alle noch Lehrlinge, wenn wir dahin gelangen. [...]

Und doch glaube ich, daß es etwa ein Mittel gibt, uns an ihn zu gewöhnen und es gleichsam mit ihm zu versuchen. Wir können eine Erfahrung machen, keine vollständige und vollkommene, aber wenigstens eine nicht nutzlose, die uns stärker und mutiger macht. Wenn wir ihn nicht zu erreichen vermögen, so können wir uns ihm doch nähern, wir können ihn auskundschaften; und wenn wir nicht in sein Allerheiligstes dringen, so werden wir doch die Zugänge sehen und nutzen. Nicht ohne Grund läßt man uns auf unseren Schlaf achten, der Ähnlichkeit wegen, die er mit dem Tode hat. Wie leicht wir doch vom Wachen zum Schlafen übergehen! Wie unbesorgt trennen wir uns vom Licht und von unserm Bewußtsein! [...] Diejenigen aber, die durch einen gewaltsamen Unfall ohnmächtig wurden und jede

Empfindung einbüßten, sind nach meinem Bedünken viel näher daran gewesen, sein wahres, natürliches Gesicht zu erblicken; denn was den Augenblick, den einen Punkt des Übergangs betrifft, so müssen wir nicht fürchten, daß er uns Beschwerden oder Unbehagen bringe, da wir ja ohne genügende Zeit kein Gefühl und keine Empfindung zu haben vermögen. Um leiden zu können, brauchen wir Zeit, und sie ist im Tode so kurz und so knapp, daß er notwendigerweise unmerklich sein muß. Es ist sein Nahen, das wir zu fürchten haben; damit aber können wir Erfahrungen machen.

Manche Dinge erscheinen uns in der Vorstellung größer als in der Wirklichkeit. Ich habe einen guten Teil meiner Jahre in beständiger, völliger Gesundheit verbracht; nicht nur in völliger, vielmehr in blühender, strahlender Gesundheit. Dieser Zustand, in seiner Frische und Fröhlichkeit, machte mir den Gedanken an Krankheit so schrecklich, daß mir ihre Schmerzen, als ich sie dann durchmachen mußte, im Vergleich zu meiner Furcht gelinde und schwach erschienen. Und dies erlebe ich alle Tage: wenn ich warm zugedeckt in einem guten Raum liege, während die Nacht draußen stürmisch und regnerisch ist, so bin ich aufgeregt und bekümmert wegen der Leute, die im Freien unterwegs sind; bin ich selber dort, so begehre ich nirgendwo sonst zu sein. [...]

Während der dritten oder der zweiten Unruhen (ich erinnere mich nicht genau) war ich eines Tages auf einem Spazierritt eine Meile von meinem Haus entfernt, das mitten in den Wirren des Bürgerkriegs liegt. Ich glaubte in völliger Sicherheit und so nahe von zu Hause zu sein, daß ich nicht besser beritten sein müsse, und hatte daher ein bequemes, aber nicht eben sehr tüchtiges Pferd genommen. Auf dem Rückweg sah ich mich genötigt, von diesem Pferd etwas zu verlangen, das es nicht recht gewohnt war; einer meiner Leute, ein großer und starker Kerl auf einem mächtigen Hengst, der heillos hart im Maul und dabei frisch und kräftig war, wollte sich vor seinen Kameraden aufspielen und sie überholen, sprengte also mit langem Zügel gerade auf meiner Spur daher, stürzte wie ein Koloß auf den kleinen Mann und das kleine Pferd und warf sie mit einer Schnelle und Schwere um, so daß wir beide die Füße in die Luft streckten; da lag nun das Pferd ganz betäubt auf dem Rücken und ich zehn oder zwölf Schritte davon entfernt, hingestreckt als ein Toter, das Gesicht zerschlagen und geschunden, mein Degen, den ich in der Hand gehalten, mehr als zehn Schritte weiter weg, das Gehänge zerrissen, ich selber gefühl- und bewegungslos wie ein Stück Holz. Das ist die einzige Ohnmacht, die mir bis zur Stunde zugestoßen ist. Meine Begleiter, die alles versuchten, um mich wieder zu mir zu bringen, hielten mich schließlich für tot, hoben mich auf und brachten mich unter großer Beschwerlichkeit zu meinem Hause, das von dort etwa eine halbe französische Meile entfernt war. Auf dem Wege dahin, und nachdem man mich über zwei gute Stunden für tot gehalten, begann ich mich zu bewegen und zu atmen; denn so viel Blut war mir in den Magen geflossen, daß die Natur, um sich seiner zu entledigen, ihre Kräfte wieder sammeln mußte. Man stellte mich auf die Füße, und ich gab einen Eimer voll geronnenen Blutes von mir und mußte dies unterwegs noch ein paarmal tun. Dadurch fing ich an, wieder ein wenig Leben zu fühlen, aber nur nach und nach und über so lange Zeit hin, daß meine ersten Empfindungen näher dem Tod als dem Leben verbunden waren. Diese Erinnerung an ihn, die sich meiner Seele tief eingeprägt hat und mir sein Bild und seine Gestalt so naturgetreu vorstellt, versöhnt mich einigermaßen mit ihm. Als ich wieder zu sehen begann, war mein Blick so getrübt, so schwach und erstorben, daß ich fürs erste nur das Licht unterschied. Und was die Seele betrifft, so erwachte ihre Tätigkeit im gleichen Masse wie die des Körpers wieder. Ich sah, daß ich voller Blut war, denn mein Wams war durch all das Blut, das ich von mir gegeben, befleckt. Mein erster Gedanke war, ich hätte eine Schußwunde am Kopf; tatsächlich waren zur selben Zeit mehrere Schüsse um uns herum gefallen. Mir war, als hinge mein Leben mir nur noch am Rand der Lippen; ich schloß die Augen, um es, wie mir vorkam, ausstoßen zu helfen, und fand ein Vergnügen daran, mich schwach zu fühlen und sinken zu lassen. Dies war eine Einbildung, die nur oberflächlich, so sanft und so kraftlos wie alles übrige, durch meine Seele schwamm, aber in Wahrheit nicht allein frei von Mißbehagen, sondern vermischt mit der Süße, die man empfindet, wenn man sich in den Schlaf gleiten läßt.

Ich glaube, daß dies der nämliche Zustand ist, in dem sich jene befinden, die man entkräftet und ohnmächtig sterben sieht; ich glaube, daß wir sie ohne Grund beklagen, weil wir meinen, sie litten grausame Schmerzen oder ihre Seele werde von bedrängenden Gedanken gepeinigt. [...]

Als ich mich meinem Hause näherte, wohin die Schrekkensnachricht von meinem Sturz schon gedrungen war, und mir die Meinen mit den Rufen, die zu solchen Fällen gehören, entgegenliefen, antwortete ich nicht nur mit ein paar Worten auf ihre Fragen, sondern man sagt auch, ich sei so besonnen gewesen, für meine Frau ein Pferd zu befehlen, weil ich sie auf dem steilen und steinigen Wege sich abmühen sah. Diese Rücksicht müßte doch, scheint es, von einer wachen Seele ausgehen; doch war ich dabei gar nicht gegenwärtig: es waren nur Scheingedanken, die vom Gesichtssinn und vom Gehör hervorgerufen wurden; sie kamen nicht aus meinem Innern heraus. Ich wußte bei alledem weder, woher ich kam, noch wohin ich ging; und ich konnte auch nicht erwägen und bedenken, was man mich fragte; es waren dies flüchtige Wirkungen, welche die Sinne von selber, gleichsam aus Gewohnheit hervorbrachten; was die Seele dazu tat, das tat sie im Traum, nur ganz leicht berührt oder etwa gestreift und benetzt durch den sanften Eindruck der Sinne. Meine Verfassung war indessen allerdings recht angenehm und friedlich: ich sorgte mich weder um andere noch um mich; ich empfand eine äußerste Schwäche und Mattigkeit, ohne jeden Schmerz. Ich sah mein Haus und erkannte es nicht. Als man mich hingelegt hatte, war mir die Ruhe unendlich wohltätig, denn ich war von den guten Leuten jämmerlich umhergezerrt worden, als sie sich abgemüht hatten, mich auf ihren Armen über einen langen und sehr schlechten Weg zu tragen, und zwei- oder dreimal einander hatten ablösen müssen. Man brachte mir viele Arzneien, von denen ich keine nahm, weil ich sicher war, daß ich am Kopf eine tödliche Wunde hatte. Das wäre in Wahrheit ein schöner Tod gewesen; denn mich hinderte die Schwäche meines Geistes, darüber nachzudenken, und die Schwäche meines Körpers, etwas davon zu spüren. Ich ließ mich so sanft, so weich und bequem dahintreiben, daß ich von kaum einem weniger beschwerlichen Tun weiß, als dieses war. Als ich wieder auflebte und allmählich zu Kräften kam, etwa zwei oder drei Stunden später, spürte ich auf einmal, daß die Schmerzen mich wieder einnahmen, da meine Glieder bei meinem Sturz alle gequetscht oder verstaucht worden waren, und ich befand mich zwei oder drei Nächte danach so übel, daß ich noch einmal zu sterben glaubte, aber eines lebhafteren Todes; und ich spüre die Erschütterung von jenem Sturz noch immer. Ich will nicht unerwähnt lassen, daß dieser Unfall selbst das letzte war, worauf ich mich wieder besinnen konnte. Ich ließ mir mehrere Male erzählen, wohin ich geritten, woher ich gekommen, zu welcher Stunde mir dies begegnet war, ehe ich es begreifen konnte. Die Umstände meines Sturzes verbarg man mir, jenem zuliebe, der die Ursache gewesen, und erzählte mir etwas anderes. Aber lange danach, erst am folgenden Tage, als mein Gedächtnis sich wieder auftat und mir den Zustand vorhielt, in welchem ich mich in dem Augenblick befunden, da ich jenes Pferd über mich kommen sah (denn ich hatte es mir auf den Fersen erblickt und mich verloren geglaubt, doch war dieser Gedanke so rasch gewesen, daß die Furcht keine Zeit fand, darin zu keimen), da schien es mir, als führe ein Blitz in meine Seele und als kehrte ich aus einer anderen Welt zurück.

[...] Es ist ein dornenreiches Unternehmen, mehr noch als es scheint, einem so schweifenden Gang wie dem unseres Geistes zu folgen, in die dunklen Tiefen seiner inneren Falten zu dringen und so viele unmerkliche Züge seines Tuns auszuwählen und festzuhalten; und es ist ein neuer und ungewöhnlicher Zeitvertreib, der uns von den gewöhnlichen, ja selbst von den achtenswertesten Beschäftigungen der Welt ablenkt. Seit vielen Jahren habe ich zum Ziel meiner Gedanken nur mich selbst und studiere und prüfe nichts anderes; und wenn ich etwas andres studiere, so geschieht das, um es sogleich auf mich, oder besser in mich, zu übertragen. Und ich glaube nicht fehlzugehen, wenn ich gerade so, wie es in den anderen, bei weitem weniger nützlichen Wissenschaften geschieht, bekanntmache, was ich in dieser gelernt habe, wenn ich auch mit dem Fortschritt, den ich darin gemacht habe, nicht recht zufrieden bin. Es gibt keine Beschreibung, die der Beschreibung seiner selbst an Schwierigkeit, und gewiß auch an Nützlichkeit, gleichkäme.

Zweites Buch, Kapitel 6

Vom Umgang mit den Kindern

Bedenken wir nun diesen einfachen Anstoß dazu, unsere Kinder zu lieben: daß wir sie gezeugt haben, weshalb wir sie unser anderes Ich nennen, so scheint es doch, daß wir noch andere Dinge hervorbringen, welche von nicht geringerem Wert sind. Denn was wir aus unserer Seele erzeugen, die Geburten unseres Geistes, unseres Wollens und Könnens, gehen aus einem edleren Teil als dem Körper hervor und sind noch eher die unsern; bei ihrer Zeugung sind wir Vater und Mutter zugleich. Sie kosten uns viel mehr und bringen uns mehr Ehre, wenn an ihnen etwas Gutes ist; denn der Wert unserer Kinder ist weit eher ihr eigener als der unsre; wir haben daran nur geringen Anteil; bei jenen aber ist alle Schönheit, Anmut und Kostbarkeit unser.

[...]

Ich verwerfe jede Gewalt in der Erziehung einer zarten Seele, die man zur Ehrenhaftigkeit und zur Freiheit heranbilden will. Es liegt etwas Knechtisches in der Strenge und im Zwang, und ich halte dafür, daß sich das, was durch die Vernunft, durch Klugheit und Geschicklichkeit nicht erreicht wird, mit Gewalt niemals durchsetzen läßt. Mich hat man so aufgezogen: man sagt, daß ich in meiner frühen Kindheit nur zweimal, und sehr gelinde, geschlagen wurde. So war ich dies auch meinen eigenen Kindern schuldig.

[...]

Der verstorbene Marschall de Monluc, der seinen Sohn verloren hatte – er starb auf der Insel Madeira und hatte als ein wackrer Edelmann fürwahr zu großen Hoffnungen berechtigt –, vertraute mir außer seiner sonstigen Trauer besonders den Kummer und Schmerz an, den er empfand, weil er sich ihm niemals recht eröffnet und über dem Wahn väterlicher Würde und Erhabenheit sich selbst des Glücks beraubt habe, sich seines Sohnes zu freuen und ihn recht kennenzulernen; er habe ihm auch seine große Zuneigung und sein günstiges Urteil über ihn nie offenbart. »Der arme Bursche«, sagte er, »hat von mir nie etwas andres als eine saure, verächtliche Miene zu sehen bekommen und ist in dem Glauben gestorben, daß ich ihn nicht, wie er es verdiente, zu lieben oder zu schätzen gewußt habe. Für wen habe ich denn das Bekenntnis der großen Liebe, die ich für ihn im Herzen hegte, aufgespart? War nicht er es, dem die ganze Freude darüber und die ganze Dankbarkeit dafür zustand? Ich tat mir Zwang an und quälte mich ab, um mir jene eitle Maske vorzuhalten, und habe darüber das Vergnügen des Umgangs mit ihm versäumt und zugleich seine Zuneigung verscherzt, welche kalt geblieben sein muß, da er von mir nichts als Härte erfuhr und ein tyrannisches Wesen zu spüren bekam.« Mir scheint, diese Klage war treffend und wohl begründet; denn wie ich aus nur zu genauer Erfahrung weiß, haben wir beim Verlust unserer Freunde keinen süßeren Trost, als zu wissen, daß es nichts gibt, was wir ihnen zu sagen vergessen, und daß wir mit ihnen in ganzer und völliger Vertrautheit gelebt haben.

Zweites Buch, Kapitel 8

Von den Büchern

Ohne Zweifel geschieht es mir oft, daß ich über Dinge spreche, die an anderen Orten von den Meistern des Faches ausgiebiger und zuverlässiger behandelt werden. Hier versuche ich mich bloß nach meinen angeborenen, keineswegs mit den erworbenen Kräften; und wer mich bei Unwissenheit ertappt, tut mir nichts zuleide, denn ich möchte für meine Gedanken kaum gegen einen anderen einstehen, da ich gegen mich selber nicht dafür einstehe und gar nicht mit ihnen zufrieden bin. Wer Gelehrsamkeit sucht, muß sie da suchen, wo sie zu Hause ist: es gibt nichts, worauf ich weniger Anspruch erhebe. Mit diesen meinen Einfällen versuche ich nicht, die Dinge bekannt zu machen, sondern mich selbst: sie werden mir eines Tages vielleicht bekannt werden, oder sie sind es schon einmal gewesen, je nachdem mich das Glück zu den Stellen geführt hat, wo ein Licht auf sie fiel; doch ich entsinne mich nicht mehr. Wenn ich zwar jemand bin, der manches gelesen hat, bin ich doch jemand, der nichts behält. [...]

Wegen der Schwierigkeiten, die ich beim Lesen antreffe, beiße ich mir die Fingernägel nicht ab; ich gebe es auf, wenn ich mich zwei- oder dreimal bemüht habe. Wenn ich weiter darauf bestünde, würde ich mich und die Zeit vergeuden; denn ich habe einen sprunghaften Geist, und was ich nicht auf den ersten Blick sehe, das sehe ich noch weniger, wenn ich mich anstrenge. Ich tue nichts, ohne dabei fröhlich zu sein, und zu große Anspannung lähmt meine Urteilskraft, macht sie düster und matt; mein Sehen trübt und verwirrt sich, ich muß den Blick abwenden und immer wieder neu hinschauen.

Mißfällt mir das eine Buch, nehme ich ein andres und lese es nur in den Stunden, da mir das Nichtstun lästig wird.

[...]

Die Gelehrsamkeit und die Wahrheit können in uns ohne Urteilskraft hausen, und ebenso kann die Urteilskraft ohne sie aushalten; ja, die Erkenntnis der Unwissenheit ist für die Urteilskraft eines der schönsten und sichersten Zeugnisse, die ich kenne. Ich habe keinen anderen Weibel, der mein Stückwerk in Ordnung hält, als das gute Glück. So wie meine Eingebungen daherkommen, stelle ich sie in die Reihe; bald drängen sie sich in Haufen heran, bald schleichen sie hintereinander einher. Man soll meinen angeborenen und gewöhnlichen Gang sehen, so unordentlich wie er ist. Ich gehe, wie es gerade kommt.

Zweites Buch, Kapitel 10

Von der Meinung

Wie verschieden urteilen wir doch über die Dinge, wie oft ändern wir unsere Ansichten! Was ich heute für wahr halte und glaube, daran halte ich unbedingt fest; mein ganzes System bemächtigt sich dieser Meinung und bürgt mir nach ganzem Vermögen dafür. Ich könnte mir keine Wahrheit mit größerer Überzeugung zu eigen machen und bewahren als diese. Ich stehe ganz zu ihr und bin ihrer völlig gewiß; aber ist es mir nicht begegnet, und nicht nur einmal, nein hundert- und tausendmal und tagtäglich, daß ich mir auf die gleiche Weise, mit den gleichen Voraussetzungen, etwas anderes zu eigen gemacht hatte, das ich unterdessen für falsch halte?

Zum mindesten muß man auf eigene Kosten klug werden. Wenn ich mich oft durch dieselben Farben getäuscht fand, wenn sich mein Prüfstein gewöhnlich als falsch erweist und meine Waage als ungleich und ungerecht, wie kann ich dann diesmal sicherer sein als andere Male? Ist es nicht töricht, mich von demselben Führer so oft hintergehen zu lassen? Und dennoch, ob uns die Laune des Zufalls auch fünfhundertmal unsern Standpunkt verleidet und in unseren Glauben wie in ein Behältnis immer neue Meinungen einfüllt und sie dann wieder ausleert, stets ist die letzte und jetzige die gewisse und unfehlbare. Für sie heißt es Hab und Gut, Ehre und Leben, das Heil und alles hingeben.

[...]

Ich, der ich mich aus der Nähe beobachte und mich unablässig im Auge behalte, weil ich sonst nicht sehr viel zu tun habe, ich traue mich kaum zu sagen, wieviel Schwäche und Eitelkeit ich an mir finde. Ich stehe so unsicher auf den Füßen, ich taumle und schwanke so leicht und kann meinem Sehvermögen so wenig vertrauen, daß ich vor dem Essen ein anderer bin als danach. Bei strahlender Gesundheit und an ebensolch schönem Tag bin ich ein feiner Mann; drückt mich ein Hühnerauge, so bin ich verdrießlich, unfreundlich und unzugänglich. Der gleiche Schritt eines Pferdes scheint mir bald hart und bald weich und der nämliche Weg einmal kürzer, ein andermal länger, dieselbe Form einmal schöner, einmal weniger schön. Bald bin ich zu allem bereit, bald zu gar nichts, und was mir heute Vergnügen macht, ist mir morgen zuwider. Tausend gedankenlose und zufällige Regungen streiten sich in mir: entweder beherrscht mich das melancholische oder das cholerische Temperament; und zu dieser Stunde hat der Kummer die Oberhand, zu jener die Heiterkeit. Greife ich zu einem Buch, so habe ich wohl an einer Stelle besondere Schönheiten wahrgenommen, die meine Seele ergötzten, und da ich es wieder in der Hand habe, kann ich es drehen und wenden, biegen und drücken, es bleibt für mich eine fremde und ungestalte Masse.

Selbst beim Schreiben finde ich nicht immer die Melodie meines ersten Gedankengangs wieder: ich weiß nicht, was ich sagen wollte, und verbrenne mir oft die Finger damit, daß ich korrigiere und einen anderen Sinn hineinbringe, da mir der erste abhanden gekommen, der besser war. Ich komme und gehe nur immer; mein Urteil schreitet nicht gerade fort, es schaukelt und treibt umher. Oftmals (das geschieht mir gern) habe ich zur Übung und zum Vergnügen eine Meinung vertreten, die der meinigen entgegengesetzt war, und nun wendet und richtet mein Geist sich nach jener Seite und hält mich so sehr bei ihr fest, daß ich den Grund meiner ersten Meinung nicht wiederfinde und von ihr abkomme. Ich lasse mich gleichsam dahin ziehen, wo immer ich mich auch hinneige, und komme so aus dem Gleichgewicht. Fast jeder würde wohl dasselbe von sich sagen, wenn er sich ebenso wie ich betrachtete.

[...]

Schließlich gibt es keine beständige Form, weder unseres Daseins noch des Daseins der Dinge; wir selber, nicht anders als unsere Urteilskraft und alles, was sterblich ist, fließen und rollen unaufhörlich dahin: so kann nichts Gewisses das eine mit dem andern verbinden, da sich der Urteilende und das Beurteilte in fortwährender Wandlung und Schwingung befinden.

Wir haben keinerlei Anteil am Sein, denn alle menschliche Natur ist stets in der Schwebe zwischen Geburt und Tod und zeigt sich nur als dunkle Erscheinung, ein Schatten, ein schwacher, unsicherer Eindruck. Und richtet man einmal sein Denken darauf, das Sein zu begreifen, so ist es dasselbe, wie wenn einer Wasser in die Hand nehmen wollte: je fester er erfaßt und drückt, was von Natur nach allen Seiten läuft, desto eher wird er verlieren, was er pakken und halten wollte. So aber wird, da denn alles von einer Verwandlung in die andere fällt, die Vernunft, welche einen zuverlässigen Halt sucht, enttäuscht; sie bekommt nichts Handgreifliches, Dauerhaftes zu fassen, weil alles entweder erst wird und noch gar nicht ist oder anfängt zu sterben, bevor es geboren ist.

Zweites Buch, Kapitel 12

Sein Haus war ohne Schutz während des Bürgerkrieges

»Was verschlossen ist, zieht den Dieb an. Der Einbrecher geht vorüber an dem, was offensteht« (Seneca). Vielleicht dient unter anderem die Nachlässigkeit dazu, mein Haus vor der Gewalttätigkeit unserer Bürgerkriege zu schützen. Die Verteidigung reizt zum Übergriff, und das Mißtrauen wirkt als Beleidigung. Ich habe den Kriegsleuten den Wind aus den Segeln genommen, indem ich ihren Anschlägen die Gefahr und alle Gelegenheit zu militiärischem Ruhm entnahm, der ihnen gewöhnlich als Rechtfertigung und Entschuldigung dient. Was mit Kühnheit unternommen wird, ist immer ein ehrenvolles Beginnen in einer Zeit, da das Recht erstorben ist. Ich mache ihnen die Eroberung meines Hauses zu einer feigen und hinterlistigen Tat; denn es steht jedem offen, der anklopft; ich habe statt allen Schutzes nur einen Türhüter, welcher nach altem Brauch und Herkommen nicht sowohl meine Tür zu verteidigen, als sie mit größerem Anstand zu öffnen hat. Ich habe keine andere Leib- oder Schildwache als die der Sterne. Ein Edelmann tut Unrecht, wenn er sich anstellt, als sei er auf einen Angriff gerüstet, wenn er nicht wohlgeschützt ist. Und wer nach einer Seite hin ohne Schutz ist, der ist es nach allen Seiten. Unseren Vätern fiel es nicht ein, Grenzfestungen zu bauen. Die Mittel, unsere Häuser, auch ohne Geschütz und Kriegstruppen, anzugreifen und zu erstürmen, vermehren sich täglich mehr als die Mittel, sich davor zu bewahren. Man wird nach dieser Seite hin immer erfinderischer; die Verheerung ist jedermanns Sache, die Verteidigung bloß die der Reichen. Mein Haus war wohlbefestigt für die Zeit, da es gebaut wurde; ich habe in diesem Punkt nichts hinzugetan und müßte befürchten, daß seine Stärke sich wider mich wenden könnte; außerdem wird eine friedliche Zeit erheischen, daß man die Bollwerke wieder schleift. Es ist gefährlich, sie nicht erreichen zu können, und schwierig, sie zu halten; denn bei Bürgerkriegen kann unser Bedienter es mit der Gegenpartei halten; und wo die Religion zum Vorwande dient, können uns selbst die Verwandten unter dem Deckmantel einer gerechten Sache zu Feinden werden. Mit öffentlichen Geldern läßt sich die Bewachung unserer Häuser nicht unterhalten; sie würden sich erschöpfen. Wir können es nicht tun, ohne daß es unser Ruin oder, noch schlimmer und ungerechter, der des Volkes wäre. [...] Daß so viele bewachte Häuser zerstört worden sind, während dieses besteht, läßt mich argwöhnen, daß sie zerstört worden sind, weil sie bewacht waren. Dies weckt die Lust und liefert den Grund zum Angriff: jede Bewachung sieht schon nach Krieg aus. Der wird sich, wenn Gott es will, auf mein Haus werfen, aber soviel ist sicher, daß ich ihn nicht rufe; dies ist meine Zuflucht, mich von den Kriegen zu erholen. Ich suche diesen Winkel dem öffentlichen Sturm zu entziehen, so wie ich einen anderen Winkel in meiner Seele bewahre. Unser Krieg mag nur immer sich umgestalten, mag neue und wieder andere Parteiungen schaffen, ich rühre mich nicht von der Stelle. Unter all den vielen bewehrten Häusern habe ich als einziger (soviel ich weiß) meines Standes dem Himmel allein den Schutz des meinigen anvertraut und habe weder Silbergeschirr noch Papiere noch Teppiche wegbringen lassen. Ich will nicht zur Hälfte in Furcht und zur Hälfte in Sicherheit leben. Wenn völlige Ergebenheit sich die Gunst des Himmels erwirbt, dann wird sie mir bis zum Ende erhalten bleiben; wo nicht, so habe ich lange genug gedauert, daß es bemerkt und verzeichnet zu werden verdient. Sind es doch nun schon dreißig Jahre.

Zweites Buch, Kapitel 15

Seine Art zu schreiben und zu sprechen

Was geistreiche Wirkung, gleich welcher Art, betrifft, so ist mir in Wahrheit nie etwas gelungen, das mich befriedigte; und der Beifall von andern genügt mir nicht. Im Urteilen bin ich empfindlich und heikel, namentlich in Beziehung auf mich; ich merke, wie ich aus Schwäche mich treiben und lenken lasse. Ich habe nichts Eigenes, das meinem Urteil genug täte. Mein Blick ist recht klar und scharf, aber er trübt sich über der Arbeit, wie ich es am deutlichsten bei der Poesie feststelle: ich liebe sie unendlich, ich weiß über die Werke anderer gut Bescheid, ich bin aber in Wahrheit wie ein Kind, wenn ich selbst Hand anlegen will, und werde mir unerträglich. Man kann sich überall dumm anstellen, aber nicht in der Poesie. [...]

Ich habe stets ein Bild in meiner Seele, das mir eine bessere Form vorstellt als die, deren ich mich bedient habe, aber ich kann sie nicht fassen und nicht verwenden; und dieses Bild ist auch selbst nur von mittlerem Rang. Ich schließe daraus, daß die reichen und großen Seelen der vergangenen Zeit weit jenseits des weitesten Umkreises meiner Einbildungskraft und meines Verlangens sind. Was sie geschrieben, erfüllt nicht nur meine Ansprüche, es setzt mich auch in Erstaunen und weckt meine innige Bewunderung. Ich kann ihre Schönheit ermessen, ich sehe sie, wenn nicht bis ins letzte, dann doch so weit, daß ich ihnen unmöglich nacheifern kann. Was immer ich unternehme, ich bleibe den Grazien, wie Plutarch sagt, ein Opfer schuldig, um ihre

Gunst zu gewinnen. Sie lassen mich durchaus im Stich; alles ist bei mir roh, es fehlt der Glanz und die Schönheit, meine Art zu schreiben veredelt den Stoff nicht. Er muß darum seine eigene Kraft haben, gut zu fassen sein und von sich aus leuchten. [...] Übrigens hat meine Sprache nichts Leichtes und Fließendes: sie ist rauh, und sie hat eine freie und ungeordnete Art und gefällt mir so, wenn nicht meinem Urteil, dann doch meiner Neigung nach; doch merke ich wohl, daß ich darin zu weit gehe und im Bestreben, das Künstliche und Gezwungene zu vermeiden, ins Gegenteil verfalle.

Zweites Buch, Kapitel 17

Von der Schönheit

Die Schönheit ist eine große Empfehlung im Umgang mit den Menschen; sie als erste dient der Vermittlung zwischen ihnen, und es gibt keinen so barbarischen oder mürrischen Menschen, daß er sich von ihrem Reiz nicht ein wenig berührt fühlte. Der Körper hat großen Anteil an unserem Sein, er hat darin einen hohen Rang; so verdienen sein Bau und seine Zusammensetzung allerdings einige Beachtung. Diejenigen, die unsere beiden Hauptteile trennen und voneinander absondern wollen, tun Unrecht; man muß sie im Gegenteil wieder zusammenführen und -fügen; man muß die Seele ermahnen, sich nicht beiseite zu halten und nur für sich dazu sein, den Körper nicht zu verachten und aufzugeben (was sie auch ohne Verstellung nicht tun könnte), sondern sich neu mit ihm zu verbünden, ihn zu umfassen, zu lieben, ihm beizustehen, ihn zu beaufsichtigen, zu beraten, ihn aufzurichten und, wenn er sich verirrt, auf den rechten Weg zurückzuführen, kurz, ihn zu ehelichen und ihm als treuer Gatte zu dienen, dergestalt, daß sich beider Wirken nicht ungleich und entgegengesetzt, sondern übereinstimmend und gleichartig zeigt. Die Christen sind über diesen Zusammenhang besonders unterrichtet; denn der göttlichen Gerechtigkeit ist, wie sie wissen, die Gemeinschaft und die Verbindung zwischen Körper und Seele so teuer, daß sie den Körper sogar in den Stand versetzt, ewigen Lohn zu empfangen; Gott sieht auf das Tun des ganzen Menschen und will, daß er als ganzer bestraft oder belohnt werde, je nach Verdienst. Die peripatetische Sekte, von allen die umgänglichste, schreibt der Weisheit die einzige Sorge zu, das Wohl dieser beiden verbündeten Teile in einem zu fördern und zu bewirken, und zeigt, daß die anderen Sekten, indem sie jener Vereinigung und Durchdringung nicht genügend Beachtung geschenkt, sich als parteilich erwiesen haben, diese zu Gunsten des Körpers, jene zu Gunsten der Seele, irrtümlich beide, und so sich von ihrem Gegenstand – nämlich dem Menschen – wie auch von ihrem Führer – nämlich, nach ihrer aller Bekenntnis, der Natur – abgewandt haben. Die erste Unterscheidung, die unter den Menschen gemacht worden ist, und die erste Erwägung, die den einen vor den andern den Vorrang gab, haben wahrscheinlich dem Vorzug der Schönheit gegolten.

Zweites Buch, Kapitel 17

Seine körperliche Verfassung

Ich bin von starker, frischer Gesundheit, die bis in mein höheres Alter von den Krankheiten selten gestört worden ist. So war ich beschaffen; denn ich betrachte mich nicht, wie ich jetzt bin, da ich meinen Weg ins Alter eingeschlagen habe und schon einiges über die Vierzig hinaus bin. Inskünftig werde ich nur noch ein halber Mensch sein, nicht mehr ich selbst; ich komme mir täglich abhanden und entschwinde mir selbst.

An Anstelligkeit und Begabung fehlte es mir seit je, trotz einem Vater, der in allem geschickt war und dem die Munterkeit bis ins höchste Alter erhalten blieb. Er fand kaum einen Mann seines Standes, den er nicht in jeder Art von Leibesübung übertraf; so wie ich kaum einen gefunden habe, der nicht mich übertraf, außer im Laufen, wo ich zu den Mittelmäßigen zählte. In der Musik hat man mir nie etwas beibringen können, weder im Gesang, für den sich meine Stimme durchaus nicht eignet, noch auf den Instrumenten. Im Tanz, im Ballspiel, im Ringen habe ich nur eine sehr geringe und gewöhnliche Fertigkeit erlangt; im Schwimmen, Fechten, Voltigieren und Springen gar keine. Meine Hände sind so plump, daß ich nicht einmal für mich etwas aufschreiben kann; was ich so hingekritzelt habe, mache ich lieber noch einmal, als daß ich mich abmühte, es zu entziffern. Und ich lese kaum besser vor: ich merke, daß ich den Hörern zur Last falle; ich bin nichts weniger als ein Mann der Schrift. Keinen Brief kann ich ordentlich falten und habe noch nie eine Feder zuschneiden oder bei Tisch richtig vorschneiden oder ein Pferd aufzäumen, einen Vogel tragen und ihn steigen lassen oder den Hunden, Vögeln und Pferden zureden können.

Meine körperliche Verfassung entspricht im ganzen sehr wohl der seelischen: es ist nichts Fröhliches an ihr, nur eine völlige, feste Kraft. Ich ertrage Beschwernisse gut; doch ich ertrage sie nur, wenn ich mich selbst ihnen aussetze und solange ich Lust dazu habe; sonst, wenn mich dazu kein Vergnügen verlockt und nicht mein eigener, freier Wille mich leitet, tauge ich nicht dafür; denn ich bin an dem Punkte, wo es außer der Gesundheit und dem Leben nichts gibt, was ich mir um den Preis der geistigen Mühsal und des Zwanges erwerben möchte.

[...] Ich habe eine freie, ganz auf sich gestellte Seele, die gewohnt ist, sich nach ihrer Weise aufzuführen. Da ich bis heute keinen Befehlshaber noch aufgezwungenen Meister gehabt, bin ich so weit und in solchem Schritte gegangen, wie's mir gefiel; so habe ich mich verwöhnt und bin nicht mehr tüchtig, andern zu dienen; ich bin nur noch mir selber von Nutzen.

[...]

Wenige Leidenschaften haben meinen Schlaf gestört; doch die geringste Überlegung stört ihn mir. So meide ich auch die abschüssigen, glitschigen Wege und halte mich zu meiner Sicherheit an die Landstraßen, wo man im tiefsten Kot geht und nicht weiter sinken kann.

Zweites Buch, Kapitel 17

Über die Falschheit

Die neue Tugend der Verstellung und der Heuchelei, die heutzutage so hoch geschätzt wird, hasse ich vor allen andern und kenne kein Laster, das solchermaßen von Feigheit und Niedertracht zeugt.

Nur eine Memmen- und Knechtsnatur nimmt ihre Zuflucht zur Verstellung, verbirgt sich unter einer Maske und wagt nicht, sich so zu zeigen, wie sie ist. Die Menschen werden dadurch an die Treulosigkeit gewöhnt: da sie sich gleisnerischer Worte befleißigen, tragen sie kein Bedenken, ihr Wort zu brechen. Ein großes Herz muß seine Gedanken nicht verleugnen; es will, daß man in sein Inneres sehe. Alles ist gut darin, oder wenigstens menschlich. Aristoteles nennt es eine Pflicht der Großherzigkeit, offen zu hassen und zu lieben, freimütig zu urteilen und zu sprechen und die Zustimmung oder die Ablehnung anderer nicht um den Preis der Wahrheit in Anschlag zu bringen. Apollonius meinte, es sei an den Knechten zu lügen und an den Freien, die Wahrheit zu sagen. Dies ist das erste und der Grundstein der Tugend: man muß sie um ihrer selbst willen lieben. Wer wahr redet, weil er dazu eine andere Ursache hat und es ihm vorteilhaft ist, und sich nicht scheut zu lügen, wenn es niemandem schadet, der ist nicht wahrhaftig genug. Meine Seele ist so beschaffen, daß sie vor der Lüge zurückschreckt und selbst den Gedanken an sie verabscheut. Ich empfinde eine innere Scham und Gewissensbisse, wenn eine mir unterläuft, wie es manchmal geschieht, wenn mich die Gelegenheit überrascht und unvorbereitet trifft. Man muß nicht immer alles sagen; das wäre Torheit; was man aber sagt, muß man so sagen, wie man es denkt; sonst ist es Bosheit. Ich weiß nicht, was sich die Leute davon versprechen, daß sie unablässig dergleichen tun und sich verstellen; es sei denn dies, daß man ihnen auch dann nicht glaubt, wenn sie die Wahrheit sagen.

Zweites Buch, Kapitel 17

Vom Gedächtnis

Das Gedächtnis ist ein wunderbar hilfreiches Werkzeug, die Verstandeskraft tut ohne es kaum ihren Dienst; mir fehlt es ganz. Was man mir begreiflich machen möchte, müßte man mir Stück um Stück vorlegen, denn auf eine Äußerung zu antworten, die mehrere verschiedene Punkte enthielte, geht über mein Vermögen. Ich könnte keinen Auftrag übernehmen, ohne ihn aufzuschreiben; und wenn ich etwas Wichtiges und Weitläufiges vortragen muß, so bin ich zu dem unwürdigen, elenden Ausweg gezwungen, Wort für Wort auswendig zu lernen, was ich sagen will; ich hätte sonst kein sicheres Auftreten, weil ich fürchten müßte, mein Gedächtnis spiele mir einen üblen Streich. Aber auch dieser Behelf wird mir schwer: um drei Verse zu lernen, brauche ich drei Stunden; und bei einem eigenen Werk macht dann auch die Freiheit und Vollmacht, die Ordnung umzustellen, ein Wort auszuwechseln, den Stoff wieder anders zu behandeln, daß der Verfasser es nur mit Mühe im Gedächtnis behalten kann. Je weniger ich meinem Gedächtnis traue, um so viel mehr verwirrt es sich; aufs Geratewohl dient es mir besser. Ich muß es ganz unbekümmert in Anspruch nehmen; wenn ich es zwingen will, wird es widerspenstig; und wenn es einmal aus dem Geleise geraten ist, geht es immer weiter in die Irre, je mehr ich es anstrenge; es ist mir zu Diensten, wann es will, nicht wann ich will.

So wie mit dem Gedächtnis geht es mir noch in mehreren

anderen Stücken. Ich meide den Befehl, die Verpflichtung, den Zwang. Wenn ich etwas, das ich gern und ungeheißen tue, mir ausdrücklich vorschreibe, kann ich es nicht mehr tun. Sogar die Körperteile, die über einige Freiheit und eigene Entscheidung verfügen, verweigern mir dann und wann den Gehorsam, wenn ich sie zu einem notwendigen Dienst, hier und jetzt, in Pflicht nehmen will. [...] Ein Mensch, der beim Spazierengehen etwas anderes im Kopf hat, wird immer bis auf den Zoll genau die gleiche Zahl gleich langer Schritte machen; wenn er aber achtgibt und sie mißt und zählt, wird er feststellen, daß er das natürlich und zufällig Getane nicht ebenso pünktlich mit Absicht tut.

Meine Bibliothek, eine der schönen ländlichen Bibliotheken, befindet sich am einen Ende meines Hauses. Wenn mir etwas einfällt, das ich dort suchen oder aufschreiben will, so muß ich es jemandem sagen aus Furcht, daß es mir nur schon auf dem Weg über den Hof entfalle. Wenn ich mich traue, im Sprechen um eine Kleinigkeit vom Gedankengang abzuweichen, finde ich ihn ganz gewiß nicht wieder; darum bin ich im Gespräch befangen, trocken, kurz angebunden. Meine Bediensteten muß ich nach dem Namen ihrer Arbeit oder ihres Heimatorts rufen, denn ich kann nur sehr schwer ihren Namen behalten; ich weiß bloß, daß er drei Silben hat, daß er hart klingt und mit diesem oder jenem Buchstaben beginnt oder endet; und wenn ich ein langes Leben hätte, könnte ich leicht noch den eigenen Namen vergessen, wie auch andern geschehen ist.

Zweites Buch, Kapitel 17

Seine Unwissenheit

Es gibt keine noch so dürftige und rohe Seele, daß man nicht eine besondere Gabe aus ihr hervorleuchten sähe; keine so tief vergrabene, daß sie nicht hier oder da hervorbräche. Und wie es zugeht, daß eine für alle anderen Dinge blinde und schläfrige Seele sich aus besonderem Anlaß lebhaft, klar, überlegen zeigt, darüber muß man die Gelehrten befragen; die schönen Seelen aber sind die allseitigen, die für alles offenen und empfänglichen Seelen, die ungebildet sein mögen, aber sich wenigstens bilden lassen. Ich sage dies, um meine eigene anzuklagen; denn ob nun aus Schwäche oder aus Unachtsamkeit (und das außer acht zu lassen, was vor unseren Füßen liegt, was wir in Händen halten, was im Leben unmittelbar von Nutzen ist, stimmt mit meiner Anschauung gar nicht überein), es gibt hinsichtlich eben solch alltäglicher Dinge, in denen man nicht ohne Schande unwissend sein kann, keine so unwissende und untüchtige als die meine. Ich muß davon einige Beispiele geben.

Ich bin auf dem Lande und in der Landwirtschaft geboren und aufgewachsen und habe die Wirtschaft und die Haushaltung zu besorgen, seit mir diejenigen, die mir im Besitz meiner Güter vorangingen, Platz gemacht haben. Ich kann aber weder mit Zahlpfennigen noch mit der Feder rechnen; die meisten unserer Münzsorten kenne ich nicht; die Unterschiede zwischen den Getreidesorten kann ich, wenn sie nicht sehr auffallend sind, weder auf dem Feld noch in der Scheune erkennen, und nur mit Mühe denjenigen zwischen dem Kohl und dem Lattich in meinem Garten. Ich weiß nicht einmal die Namen der wichtigsten Haushaltgeräte oder die ersten Anfangsgründe des Ackerbaus, die selbst die Kinder kennen; noch weniger verstehe ich mich auf das Handwerk, auf den Handel oder die Waren, auf die Verschiedenheit und die Natur der Früchte, der Weine, der Fleischsorten, auf die Abrichtung der Vögel, die Behandlung eines kranken Pferdes oder Hundes; und um meine Schande ganz zu bekennen, so ist es noch nicht ein Monat her, daß man mich dabei ertappte, wie ich nicht wußte, wozu die Hefe beim Brotbacken dient.

Zweites Buch, Kapitel 17

Von der Gesundheit

Die Gesundheit ist etwas Kostbares und in Wahrheit das einzige, was es verdient, daß man nicht nur Zeit, Schweiß, Mühe und Güter darauf verwende, sondern sogar das Leben; zumal ohne sie uns das Leben zur Last wird. Die Lust, die Weisheit, die Wissenschaft und die Tugend verblassen und schwinden dahin ohne sie.

[...]

Ich bin gewiß nicht so eingebildet und aufgeblasen, daß ich eine echte, handfeste, markige Freude, wie die Gesundheit sie ist, gegen eine bloß eingebildete, körperlose und luftige austauschen würde. Der Ruhm, sei's auch derjenige der vier Haimonssöhne, ist für einen Menschen von meiner Gemütsart zu teuer erkauft, wenn er drei tüchtige Koliken kostet. Die Gesundheit, bei Gott!

Zweites Buch, Kapitel 37

Der Mensch, eine Mischung von Eigenschaften

Wie wir eingerichtet sind, im Öffentlichen wie im Häuslichen, bestehen wir aus Unvollkommenheit; doch im Natürlichen gibt es nichts, was nutzlos wäre, nicht einmal die Nutzlosigkeit selbst; nichts hat sich der Welt eingefügt, was nicht einen angemessenen Platz in ihr hätte. Wir selbst sind aus krankhaften Eigenschaften zusammengesetzt: Ehrgeiz, Eifersucht, Neid, Rachsucht, Aberglaube, Verzweiflung nehmen uns so natürlich ein, daß man auch in den Tieren unser Bild wiederfindet; desgleichen ein so widernatürliches Laster wie die Grausamkeit; denn selbst in unserem Mitgefühl spüren wir einen bittersüßen Reiz böser Lust beim Anblick des Leidens anderer; auch die Kinder spüren ihn. Wer die Saat dieser Eigenschaften im Menschen austilgen wollte, würde die Grundbedingungen unseres Lebens zerstören. Und so auch gibt es im Staate immer notwendige Ämter, die nicht nur verächtlich, sondern auch lasterhaft sind: die Laster haben darin ihren Platz und werden als Bindemittel für unser Zusammenleben gebraucht, wie die Gifte für die Erhaltung unserer Gesundheit. Werden sie also entschuldbar, indem sie uns nottun und das gemeine Bedürfnis ihren wahren Charakter verdeckt, muß man diese Rolle von den unbedenklichen Draufgängern unter den Bürgern spielen lassen, die ihre Ehre und ihr Gewissen aufopfern, so wie die Alten ihr Leben für das Wohl ihres Landes opferten; wir Schwächeren übernehmen die leichtern und nicht so gefährlichen Aufgaben. Das öffentliche Wohl erheischt, daß man verrate, lüge und morde; überlassen wir es folgsameren und geschmeidigeren Leuten, dies zu besorgen.

Drittes Buch, Kapitel 1

Von der Reue

Die anderen bilden den Menschen, ich schildere ihn und stelle einen besonders dar, welcher übel gebildet ist und welchen ich, wenn ich ihm nochmals eine Gestalt geben müßte, wahrhaftig sehr anders machen würde, als er ist; doch daran ist nun nichts mehr zu ändern. Die Züge meines Porträts werden darum nicht falsch, daß sie sich ändern und genauer ausbilden. Die Welt ist nichts weiter als eine ewige Schaukel: alles wird hin und her bewegt, die Erde, die Felsen des Kaukasus, die Pyramiden Ägyptens, in der allgemeinen und in ihrer besonderen Schaukelbewegung; die Beständigkeit selbst ist nur eine langsamere Art des Wandels. Ich kann meinen Gegenstand nicht festhalten; er verwirrt sich und schwankt in angeborener Trunkenheit. Ich nehme ihn so, wie er in dem Augenblick ist, da er mich beschäftigt. Ich male nicht das Sein, ich male das Werden; nicht den Übergang von einer Zeit zu der anderen oder, wie man im Volk sagt, von sieben zu sieben Jahren, sondern von Tag zu Tag, von Minute zu Minute: ich muß meine Geschichte der Stunde anpassen; ich kann sie alsbald wieder verändern, nicht nur aus Zufall, sondern mit Absicht. Sie ist eine Aufzeichnung verschiedener und veränderlicher Umstände und unentschiedener, ja mitunter entgegengesetzter Vorstellungen, sei's daß ich selbst ein anderer bin, sei's daß ich die Gegenstände unter andern Verhältnissen und Gesichtspunkten auffasse. Jedenfalls widerspreche ich mir wohl gelegentlich, aber der Wahrheit, wie Demades sagte, widerspreche ich nicht. Wenn meine Seele festen Grund fände, würde ich keine Versuche, sondern Beschlüsse aufschreiben; sie ist aber immer noch in der Lehre und auf dem Prüfstand.

Ob ich ein niedriges, glanzloses Leben vorstelle, das ist einerlei: man knüpft die ganze moralische Philosophie so gut an ein häusliches Leben geringen Standes wie an ein Leben von großartigem Zuschnitt; jeder Mensch trägt in sich die ganze menschliche Beschaffenheit.

[...]

Das Laster hinterläßt in der Seele, wie ein Geschwür im Fleisch, eine Reue, die immerfort juckt und sich selber wund reibt; denn die Vernunft tilgt die andern Betrübnisse und Schmerzen, doch sie erzeugt den Schmerz der Reue, der tiefer ist, da er inwendig entsteht, so wie der Frost und die Hitze uns ärger zusetzen, wenn sie das Fieber hervorruft, als wenn sie von außen kommt. [...]

Ebenso gibt es auch keine Güte, die ein wohl geartetes Gemüt nicht erfreute. Wir haben so eine gewisse Art, uns zu unserem rechten Tun zu beglückwünschen, die uns von innen her erfreut, und eine stolze Zuversicht, die mit dem guten Gewissen einhergeht. Eine Seele, die tapfer zu ihrem Laster steht, kann sich allenfalls sicher fühlen, doch dieses Wohlbehagen und diese Genugtuung kann sie sich nicht verschaffen. Es ist kein geringes Vergnügen, sich vor der Ansteckung durch eine so verdorbene Zeit bewahrt zu fühlen und sich sagen zu können: »Selbst wer mir bis in die Seele zu blicken vermöchte, würde mir weder die Schuld an irgend jemandes Unglück geben, noch mich der Rachgier, des Neides, des Verstoßes gegen Gesetze, der Neuerungssucht, des Aufruhrs oder des Wortbruchs bezichtigen; und ob auch der Sittenzerfall dieser Zeit es jedem erlaubt und beibringt, so habe ich doch meine Hand nie auf Geld oder Gut eines französischen Mannes gelegt und stets, im Krieg wie im Frieden, nur von dem Meinigen gelebt und mir nie eines Menschen Arbeit zunutze gemacht, ohne ihm seinen Lohn zu bezahlen.«

[...] Die Laster, die über uns kommen, zu denen die Leidenschaften uns hinreißen, kann man verleugnen und abstreiten; aber jene, die sich durch lange Gewohnheit in einem starken und festen Willen verankert und eingewurzelt haben, lassen keine Einrede zu. Die Reue ist nur eine Absage unseres Willens und ein Widerstand gegen unsere Wünsche; sie kann überall hinführen. Sie kann auch bewirken, daß jemand seiner früheren Tugend und Enthaltsamkeit abschwört.

[...]

Die ursprünglichen Eigenschaften lassen sich nicht austilgen, man deckt sie zu, man versteckt sie. Die lateinische Sprache ist mir wie angeboren, ich verstehe sie besser als die französische, doch ich habe mich ihrer seit vierzig Jahren nie mündlich und kaum je schriftlich bedient; in äußerster und plötzlicher Erregung aber, wie ich sie zwei- oder dreimal in meinem Leben verspürt – so als mein Vater aus völliger Gesundheit heraus ohnmächtig in meine Arme sank –, sind mir immer zuerst aus der Tiefe meines Innern ein paar lateinische Worte entfahren; denn die Natur bricht, entgegen so langer Gewohnheit, gewaltsam hervor.

[...] Man sehe nur zu, wie unsere Erfahrung sich dazu stellt: es gibt keinen Menschen, der nicht in sich, wenn er achtgibt, eine ihm eigene Form entdeckt, eine herrschende Form, die gegen das Anerzogene kämpft und gegen den Sturm der Leidenschaften, die ihr zuwider sind. [...]

Es gibt ungestüme, rasche und plötzliche Sünden; lassen wir sie beiseite. Von jenen anderen aber, die oft wiederholt, überlegt und bedacht werden, oder von den berufs- und gewerbemäßigen Sünden kann ich nicht glauben, daß sie so lange Zeit in ein und dasselbe Herz eingepflanzt sein können, ohne daß die Vernunft und das Gewissen desjenigen, der sie beherbergt, dies ein für allemal wollen und wissen; und die Reue, deren er sich in einem bestimmten vorgeschriebenen Augenblick rühmt, kann ich mir ziemlich schwer denken und vorstellen. [...] Ich kenne keine Eigenschaft, die so leicht darzustellen ist wie die Frömmigkeit, solange man ihr seine Sitten und sein Leben nicht unterordnet. Ihr Wesen ist unergründlich und dunkel, ihr Anschein ist augenfällig und prachtvoll.

Was mich angeht, so kann ich wünschen, überhaupt ein anderer zu sein; ich kann meine Form im allgemeinen bedauern und verwerfen und Gott um meine völlige Erneuerung und um Verzeihung für meine angeborene Schwäche bitten; dies aber darf ich, wie mich dünkt, nicht Reue nennen, so wenig wie das Mißvergnügen darüber, daß ich weder ein Engel noch Cato bin. [...] Wenn ich im Alter meine Aufführung in der Jugend ansehe, so stelle ich fest, daß ich mich meistens nach der Ordnung, wie es mir zukam, betragen habe; soviel vermochte ich. Ich schmeichle mir nicht: unter gleichen Umständen werde ich es immer so halten. Ich bin nicht befleckt, sondern eher ganz eingefärbt. Ich kenne keine oberflächliche, mittelmäßige, äußere Reue:

sie muß mich von allen Seiten ergreifen, ehe ich sie so nenne, und muß mir die Eingeweide durchbohren und so gründlich verletzen, wie Gott mich durchschaut, und ebenso vollständig. [...]

Im übrigen hasse ich die Reue, die bloß das Alter uns eingibt. Jener, der einst gesagt hat, er danke es seinen Jahren, daß sie ihn von der Wollust befreit hätten, dachte anders als ich: ich werde für das Unvermögen, so gut es mir auch bekommen mag, niemals dankbar sein. Unsere Gelüste sind im Alter selten, und der Genuß sättigt uns gründlich: darin sehe ich nichts, was mit dem Gewissen zu tun hätte; Gram und Schwäche bescheren uns eine schlaffe und schleimige Tugend. Wir dürfen uns durch die natürlichen Veränderungen nicht so vollständig mitziehen lassen, daß sie unsere Urteilskraft lähmen.

Jugend und Lebensfreude haben mich zu ihrer Zeit nicht gehindert, in der Lust das Laster zu erkennen; und der Überdruß, den mir die Jahre bescheren, hindert mich heute nicht, im Laster die Lust zu erkennen. Ob ich gleich keinen Anteil mehr daran habe, urteile ich so, wie wenn ich ihn noch hätte: ich habe meine Vernunft eindringlich und aufmerksam untersucht und finde, daß sie dieselbe ist wie in meiner ausgelassensten Zeit. [...] Stellte man ihr jene alte Begehrlichkeit wieder entgegen, sie hätte, so fürchte ich, nicht mehr die frühere Kraft, ihr zu widerstehen. Ich sehe nicht, daß sie etwas von sich aus anders beurteilte, als sie damals tat, oder zu neuer Einsicht gelangt wäre. Wenn also dies Genesung ist, gleicht sie der Krankheit.

[...] Ich bin auf dem Wege der Besserung und eines geordneten Lebens so weit, wie es mir möglich war, fortgeschritten, als ich es noch genießen konnte; ich würde Scham und Neid empfinden, wenn die Last und das Elend des Alters vor meinen guten, gesunden, muntern und kraftvollen Jahren den Vorzug erhielten und man mich nicht nach dem, was ich war, sondern nach dem, was ich nicht mehr bin, einschätzen müßte. [...] Ich verzichte daher auf solch zufällige, schmerzliche Besserungen.

Gott muß unser Herz rühren und unser Gewissen sich selber bessern, durch die Stärkung unserer Vernunft und nicht durch das Nachlassen unserer Kräfte. Die Lust ist an sich weder blaß noch farblos, nur weil sie trüben, triefenden Augen so scheint. Man muß die Mäßigung um ihrer selbst willen lieben und zur Ehre Gottes, der uns sie und die Keuschheit verordnet hat; eine Enthaltsamkeit, eine Keuschheit, zu denen uns der Schleimfluß verhilft und die ich meiner Kolik verdanke, sind weder Keuschheit noch Enthaltsamkeit. Man kann sich nicht rühmen, die Lust zu verachten und zu bekämpfen, so man sie gar nicht bemerkt und ihre Reize, ihre Gewalt und ihre verlockendste Schönheit nicht spürt. Ich kenne dies alles, ich kann davon reden; aber mich dünkt, im Alter seien unsere Seelen schlimmeren Schäden und Krankheiten ausgesetzt als in der Jugend. Ich sagte dies, als ich jung war und für naseweis galt; ich sage es jetzt, da mein graues Haar mir die Vollmacht gibt. Wir nennen es Weisheit, wenn unsere Launen uns plagen und die Gegenwart uns verdrießt; aber in Wahrheit lassen wir von den Lastern nicht so sehr ab, als daß wir sie austauschen, und zwar, wie ich meine, gegen ärgere. Außer einem törichten, schwächlichen Stolz, einer langweiligen Redseligkeit, stachligen, ungeselligen Launen, Aberglauben und lächerlicher Sorge um Reichtümer, von denen wir keinen Gebrauch mehr machen können, stelle ich auch vermehrte Ungerechtigkeit, Bosheit und Neid fest. Das Alter zieht noch mehr Runzeln über unsern Verstand als auf unserm Gesicht; und man sieht kaum eine Seele, die nicht nach Essig und Schimmel zu riechen beginnt.

Drittes Buch, Kapitel 2

Über das Alter

Welche Verwandlungen sehe ich es nicht täglich bei mehreren meiner Bekannten hervorbringen! Es ist eine schwere Krankheit, die ganz natürlich und unmerklich fortschreitet; man muß sich großer Aufmerksamkeit und Vorsicht befleißigen, um die Schäden, die es uns zufügt, zu meiden oder wenigstens ihr Wachstum zu mindern. Ich spüre, wie es sich meiner trotz all meinem Widerstand nach und nach bemächtigt; ich wehre mich, so gut ich kann, aber ich weiß nicht, wohin es mich endlich noch führen wird. Wenn man nur jedenfalls weiß, von wo ich gefallen bin.

Drittes Buch, Kapitel 2

Von dreierlei Umgang

Die Freunde

Der Zweck dieses Umgangs ist einfach die Vertraulichkeit, der Verkehr und die Unterredung, die Übung der Seele und gar nichts weiter. In unseren Gesprächen gelten alle Gegenstände mir gleich; meinethalben müssen sie weder Gewicht noch Tiefe haben; Anmut und Triftigkeit haben sie immer; alles erscheint im Licht eines reifen und wohlüberlegten Urteils, vermischt mit Güte, Freimut, Heiterkeit, Freundschaft. Nicht nur in den letzten Fragen oder in den Angelegenheiten der Könige zeigt unser Geist seine Schönheit und Kraft; er zeigt sie ebenso wohl im vertrauten Geplauder. Ich erkenne meine Leute schon an ihrem Schweigen und an ihrem Lächeln, und ergründe sie allenfalls noch besser bei Tisch als im Rate.

Die Frauen

Auch der Umgang mit schönen und sittsamen Frauen ist mir lieb. [...] Es ist Torheit, alle seine Gedanken an ihn zu hängen und sich mit unbedachter Leidenschaft auf ihn einzulassen; aber ihn andererseits ohne Liebe und verbindlichen Vorsatz zu pflegen, gleichsam als Schauspieler eine Rolle zu spielen, die in dem Alter üblich und der Sitte gemäß ist, und von sich selber nichts herzugeben als Worte, das heißt wahrhaftig für seine Sicherheit sorgen, aber auf eine recht schäbige Weise.

Ich bediene mich ihrer tatsächlich kaum mehr als jene es tun, die sie gar nicht kennen. Ich freue mich an ihnen, wie sich der Geizige an seinen Schätzen freut: ich weiß, daß ich mich ihrer erfreuen kann, wann es mir beliebt: meine Seele nährt sich von diesem Besitzrecht und begnügt sich damit. Ich reise weder im Frieden noch im Krieg ohne Bücher. Dennoch vergehen oft Tage, ja Monate, ohne daß ich von ihnen Gebrauch mache. »Später«, sage ich, »oder morgen, oder wenn es mir paßt.« Inzwischen läuft und verstreicht die Zeit, ohne daß es mir etwas ausmacht; es läßt sich gar nicht sagen, wie der Gedanke mir wohltut und mich beruhigt, daß sie um mich sind und mich zur rechten Zeit erfreuen werden, und welch große Hilfe sie für mein Leben sind. Das ist die beste Wegzehrung, die der Mensch auf seine Reise mitnehmen kann, und ich kann Leute von Verstand nicht genug beklagen, die ihrer entbehren. Ich finde mich eher in jeden, auch den nichtigsten Zeitvertreib, solange mir dieser nicht fehlt.

Zu Hause kehre ich etwas öfter in meiner Bibliothek ein, wo ich den Überblick über meine ganze Haushaltung habe; von ihrem Eingang sehe ich auf meinen Garten, meinen Wirtschaftshof, meinen Schloßhof hinunter und auf die meisten Teile meines Hauses. Da blättere ich einmal in diesem, einmal in jenem Buch, ohne Plan und Ziel, ohne Zusammenhang; bald denke ich darüber nach, bald notiere ich und diktiere im Umhergehen, was mir einfällt, wie dieses hier. Die Bibliothek liegt im dritten Stockwerk eines Turms. Der erste ist meine Kapelle, der zweite ein Gemach mit seinen Nebenzimmern, wo ich mich oft schlafen lege, um allein zu sein. Darüber die große Kleiderkammer war vordem der nutzloseste Raum meines Hauses. Hier verbringe ich die meisten Tage meines Lebens und die meisten Stunden des Tages, aber niemals die Nacht. Daneben befindet sich ein recht freundliches Kabinett, das man im Winter heizen kann, mit schönen großen Fenstern; und wenn ich den Aufwand, der mich bei allem zurückhält, nicht noch mehr als die Kosten scheute, könnte ich leicht an allen Seiten und auf gleicher Höhe eine Galerie anbauen lassen, hundert Schritt lang und zwölf Schritte breit, denn ich habe bemerkt, daß die Mauern schon zu einem anderen Zweck bis zur richtigen Höhe aufgeführt worden sind. An einem Ort, wohin man sich zurückzieht, muß man sich ergehen können; meine Gedanken schlafen ein, wenn ich sie sitzen lasse; mein Geist geht nicht von allein; es ist, als bewegten die Beine ihn. So geht es allen, die ohne Buch studieren. Der Raum ist rund und bietet nicht mehr freien Raum als für meinen Tisch und für meinen Sessel und führt mir ringsum meine Bücher, in fünf Regalen geordnet, alle auf einmal vor Augen. Er hat nach drei Seiten hin eine schöne und freie Aussicht und mißt sechzehn Schritte im Durchmesser. Im Winter bin ich nicht so beständig da, denn mein Haus steht auf einem Hügel, wie sein Name sagt, und kein Zimmer ist so dem Wind ausgesetzt wie dieses; mir gefällt, daß es ein wenig abseits und unbequem liegt, weil ich mir dadurch Bewegung verschaffen und mich dem Treiben entziehen kann. Das ist mein Aufenthalt. Ich suche mir allein die Herrschaft über ihn zu sichern und diesen einen Winkel jeglicher Gemeinschaft, ob ehelich, väterlich oder bürgerlich, zu entziehen; überall sonst habe ich nur ein verbrieftes, in Wahrheit ein geteiltes Ansehen. Mich dünkt, der sei zu bedauern, der in seinem Haus keinen Ort hat, wo er für sich und in seinem besonderen Kreis und verborgen sein kann.

Drittes Buch, Kapitel 3

Über die Zerstreuung

Ich hatte einst, für meine Gemütsbeschaffenheit, einen schweren und mehr noch berechtigten als schweren Verdruß: ich hätte des Todes sein können, wenn ich mich einfach auf meine Kräfte verlassen hätte. Da ich einer starken Zerstreuung bedurfte, um mich ihm zu entziehen, machte ich mich durch Kunst und Methode verliebt, wozu mir meine Jugend behilflich war; die Liebe schuf mir Erleichterung und zog mich aus der üblen Verfassung, in die ich durch Freundschaft geraten war. So geht es mir auch sonst immer: eine widrige Vorstellung beherrscht mich; schneller, als ich sie überwinden könnte, vertausche ich sie: wenn nicht gegen eine entgegengesetzte, so doch gegen eine andere: immer erleichtert, löst und zerstreut die Abwechslung. Kann ich den Verdruß nicht bekämpfen, so entwische ich ihm und wende Finten und Listen an, um zu flüchten: ich wechsle den Ort, die Beschäftigung, die Gesellschaft, ich rette mich in den Andrang anderer Zerstreuungen und Gedanken, wo meine Spur sich verliert und ich nicht mehr zu finden bin.

Drittes Buch, Kapitel 4

Übertriebene Strenge des Alters

Das Alter mahnt und belehrt mich und predigt mir mehr als genug. Vom Übermaß der Munterkeit bin ich in dasjenige der Strenge verfallen, welches noch störender ist; daher ich mich heutzutage mit Absicht ein wenig gehenlasse und die Seele mitunter auf tolle und jugendliche Gedanken bringe, bei denen sie dann verweilt. Ich bin jetzt allzu gesetzt, bedachtsam und reif: die Jahre unterrichten mich täglich in Kaltsinn und Mäßigung. Der Körper fürchtet und flieht die Ausschweifung: die Reihe ist nun an ihm, den Geist zur Besserung anzuleiten; und er regiert tyrannischer, härter; er läßt keine Stunde vergehen, im Schlafen oder im Wachen, ohne mich über den Tod, die Buße und die Geduld zu belehren. Ich wehre mich gegen die Mäßigung, wie ich mich einst der Wollust erwehrte; sie wirft mich zu weit zurück, und bis zur Stumpfsinnigkeit; ich will aber Herr meiner selbst sein, in jeder Beziehung. Die Weisheit neigt auch zum Übermaß und bedarf der Mäßigung nicht weniger als die Tollheit.

Drittes Buch, Kapitel 5

Von der Gesundheit

Unsere Lehrer haben unrecht, wenn sie die Ursachen der außergewöhnlichen Aufschwünge unseres Geistes nur einem göttlichen Entzücken, der Liebe, den Anstrengungen des Krieges, der Dichtung, dem Wein und nicht auch der Gesundheit zuschreiben; einer feurigen, kraftvollen, uneingeschränkten und unbeschwerten Gesundheit, so wie sie die Sicherheit mir in der Blüte meiner Jahre dann und wann schenkte. Dieses Feuer des frohen Mutes erweckt im Geiste so lebhafte, klare Gedanken, wie unsre natürliche Klarheit sie nicht erreicht, und die stärksten, ja, die wildesten Begeisterungen.

Drittes Buch, Kapitel 5

Haß auf die finstere Tugend

Ich liebe eine fröhliche und gesellige Weisheit und fliehe die rauhen und finsteren Sitten, wie mir denn jede mürrische Miene verdächtig ist. [...] Die Tugend ist eine gefällige, fröhliche Eigenschaft. Ich weiß wohl, daß die Freiheit meiner Schriften einigen wenigen Leuten mißfallen wird, denen die Freiheit ihrer eigenen Gedanken noch mehr mißfallen müßte. [...] Ich hasse einen mürrischen, trüben Geist, der über die Freuden seines Lebens hinweggeht und an seinen Kümmernissen hängenbleibt: wie die Fliegen, die sich an einem schönen glatten Körper nicht festhalten können und sich an die unebenen, höckrigen Stellen halten und darauf ruhen; und wie die Blutegel, die nur verdorbenes Blut einsaugen.

Ich habe es mir im übrigen zur Regel gemacht, alles das ohne Scheu zu sagen, was ich ohne Scheu tue; und empfinde einen Widerwillen gegen die Gedanken, die ich nicht offen aussprechen darf. Meine schlechtesten Taten und Eigenschaften erscheinen mir nicht so häßlich, wie ich es häßlich und niedrig finde, sie nicht bekennen zu dürfen.

Drittes Buch, Kapitel 5

Von der Freimütigkeit

Ich lechze danach, mich bekannt zu machen, und es kümmert mich nicht, wie vielen, wenn es nur nach der Wahrheit geschieht; oder besser gesagt, ich lechze nach gar nichts, aber ich möchte um nichts in der Welt von denen verkannt werden, die zufällig meinen Namen wissen. [...]

Was hat das Zeugungsgeschäft, das so natürlich, so notwendig und so rechtmäßig ist, den Menschen getan, daß sie nicht ohne Scham davon reden dürfen und es aus den ernsthaften, sittsamen Gesprächen verbannen? Wir sagen bedenkenlos: *töten*, *rauben*, *verraten*; und davon wagen wir nur zu flüstern. Heißt das wohl, daß wir, je weniger Worte wir darüber machen, um so mehr daran denken dürfen? Denn freilich sind die Worte, die am wenigstens im Gebrauch sind, wenig geschrieben und fleißig verschwiegen werden, die am besten verstandenen und bekannten. Es gibt keine Zeit, keine Sitten, denen sie weniger vertraut als das Brot wären. Sie prägen sich allen ein, ohne ausgesprochen zu werden, ohne Stimme noch Schriftzug; und das Geschlecht, das am meisten betroffen ist, redet am wenigsten davon. Dies ist ein Geschäft, dem wir die Freistatt des Schweigens eingeräumt haben; es ihm zu entreißen wäre ein Frevel, auch wo man es anklagen und verurteilen wollte; und nur in Umschreibungen und in Bildern wagen wir es zu geißeln.

Drittes Buch, Kapitel 5

Von der Ehe

Ich kenne keine Ehen, die so rasch zu Wirrungen führen und zerfallen wie jene, die um der Schönheit und des verliebten Begehrens willen zustande kommen; es bedarf dafür festerer und steterer Grundlagen und einer behutsamen Annäherung; das heiße Gefühl taugt da nichts.

[...]

Eine gute Ehe, wenn es solche gibt, weist die Beteiligung und die Forderungen der Liebe ab, sie will denen der Freundschaft genügen. Sie ist eine trauliche Lebensgemeinschaft, voller Beständigkeit und Verläßlichkeit und aus unendlich vielen wechselseitigen, nützlichen und handgreiflichen Dienstleistungen und Pflichten gebildet; keine Frau, die daran Geschmack gefunden hat, möchte mit ihrem Mann als Geliebte verbunden sein. Wenn sie als Ehefrau sich in seiner Neigung befestigt hat, lebt sie in ihr viel ehrenvoller und sicherer.

Drittes Buch, Kapitel 5

Über den Stil

Die Sprache der Großen ist voll natürlicher und beständiger Kraft; alles ist bei ihnen Epigramm, nicht erst der Schwanz, sondern der Kopf, der Bauch und die Füße. Da gibt es nichts Gezwungenes und nichts Schleppendes, alles schreitet in gleicher Haltung fort. Keine sanfte Beredsamkeit, die bloß schmeichelt: nervig und fest, nicht so sehr einnehmend wie ergreifend und hinreißend, und dies für die stärksten Geister am meisten. Wenn ich sehe, wie lebendig und eindringlich diese kraftvollen Formen sich ausdrücken, meine ich nicht, es sei wohlgesprochen, sondern es sei wohlgedacht. [...]

In der Handhabung und im Gebrauch geben die guten Autoren der Sprache ihren Wert; weniger dadurch, daß sie ihr Neuerungen verschreiben, wie dadurch, daß sie starke und vielfältige Wirkungen aus ihr hervorrufen; sie fügen ihr keine Wörter hinzu, aber sie bereichern die eigenen Worte, indem sie ihrer Bedeutung und Verwendung ein größeres Gewicht und mehr Tiefe geben und sie vorsichtig und sinnreich zu ungewohnten Wendungen heranziehen. Und daß dies durchaus nicht allen gegeben ist, ersieht man an vielen französischen Schriftstellern dieser Zeit. Sie sind kühn und anmaßend genug, um die ausgetretenen Pfade zu meiden; aber es fehlt ihnen an Erfindungsgabe und Unterscheidungsvermögen, und das wird ihnen zum Fallstrick. Da findet man nichts als ein klägliches Zurschaustellen des Sonderbaren, kalte und abgeschmackte Verkleidungen, die den Gegenstand nicht erhöhen, sondern erdrücken. Können sie sich mit der Neuheit brüsten, kommt es ihnen auf die Wirkung nicht an; um ein neues Wort aufzunehmen, verschmähen sie das gewöhnliche, das oft stärker und treffender ist.

[...]

Wenn ich schreibe, vermeide ich die Gesellschaft der Bücher und die Erinnerung an sie, damit sie mir nicht meine eigene Form stören; die guten Autoren bedrücken mich nämlich und schüchtern mich ein. Ich mache es gern wie der Maler, der klägliche Bilder von Hähnen gemalt hatte und seinen Lehrbuben verbot, ihm einen wirklichen Hahn in die Werkstatt zu lassen. [...]

Meinem Vorhaben kommt auch zugute, daß ich zu Hause, auf dem Land draußen, schreibe, wo niemand mir beisteht oder mich aufmuntert, wo ich gemeinhin keinem Menschen begegne, der das Latein seines Pater noster und noch etwas weniger Französisch versteht. Ich hätte es anderswo besser gemacht, aber die Arbeit wäre weniger meine eigene gewesen; und ihr erster Zweck und Vorzug ist es, ganz die meine zu sein. Ich würde gern einen zufälligen Fehler verbessern, wie ich deren sehr viele mache, da ich ohne Bedacht fortschreibe; aber die Mängel, die mir beständig anhaften, zu beseitigen, wäre Betrug.

Drittes Buch, Kapitel 5

Von der Liebe im Alter

Diejenigen haben wohl recht, welche sagen, der Körper solle nicht seinen Begierden zum Schaden des Geistes folgen; warum aber ist es nicht ebenso wahr, daß der Geist nicht zum Schaden des Körpers den seinen folgen soll?

Ich habe keine andere Leidenschaft, die mich in Atem hält. Was die Habsucht, der Ehrgeiz, der Zank, die Prozesse bei anderen tun, die wie ich zu keiner Tätigkeit verpflichtet sind, würde die Liebe gefälliger tun: sie ließe mich wieder aufmerksam, nüchtern und freundlich werden und größere Sorgfalt auf meine Person verwenden; sie bewahrte mein Aussehen davor, durch die Verzerrungen des Alters so kläglich entstellt zu werden; sie gäbe mich den gesunden und verständigen Aufgaben wieder, durch die ich mir höhere Achtung und größere Liebe erwürbe, sie bewahrte meinen Geist davor, an sich und seinen Kräften zu verzagen, und versöhnte ihn mit sich selber; sie vertriebe mir tausend verdrießliche Gedanken, tausend schwermütige Kümmernisse, mit denen die Muße uns in diesem Alter beschwert, und sie erhitzte wenigstens in meinen Träumen das Blut wieder, das die Natur im Stich läßt; sie gäbe dem Armen ein wenig Spannkraft zurück, der seinem Zerfalle entgegeneilt.

Drittes Buch, Kapitel 5

Eroberung von Mexiko und Peru

Unsere Welt hat soeben eine andere entdeckt (und wer verbürgt uns wohl, daß sie die letzte ihrer Schwestern sei, da weder die Dämonen noch die Sibyllen noch wir bis heute von ihr gewußt haben?), nicht weniger groß, reich und wohlgestaltet als sie, und doch so neu und so kindlich, daß man sie noch ihr ABC lehrt: es ist noch nicht fünfzig Jahre her, daß sie weder Buchstaben noch Gewichte noch Maße noch Kleider noch Acker- und Rebbau kannte; sie lag noch ganz nackt im Schoße und an der Brust ihrer Amme. [...] Sie war eine kindliche Welt; wir haben sie indes weder durch unsere Tapferkeit und natürliche Überlegenheit in Zucht genommen, noch durch unsere Gerechtigkeit und Güte gewonnen, noch durch unsere Großmut unterworfen. Die Antworten ihrer Bewohner und die Verhandlungen mit ihnen bezeugen zumeist, daß sie uns an Klarheit des natürlichen Verstandes und an Einsicht nichts schuldig geblieben. Die ungeheuere Pracht der Städte Cusco und Mexiko und unter vielen ähnlichen Dingen jener königliche Garten, wo alle Bäume, Früchte und Kräuter nach der Ordnung und Größe, die sie in einem natürlichen Garten haben, vortrefflich in Gold nachgebildet waren, so wie auch in dem Kabinett des Königs alle Tiere, die in seinem Reich und im Meere vorkommen, und die Schönheit ihrer Arbeiten aus Stein, Federn, Baumwolle und ihrer Malereien zeigen, daß sie uns auch an Kunstfleiß nicht nachstehen. Was aber Gottesfurcht und Gesetzestreue, Güte, Freigebigkeit, Treue und Freimut angeht, so ist es uns wohl zustatten gekommen, daß wir davon nicht so viel wie sie haben: diese Überlegenheit ist ihnen zum Verhängnis geworden, sie haben sich selbst verkauft und verraten.

Was Kühnheit und Tapferkeit, Festigkeit und Beständigkeit, Standhaftigkeit gegen Schmerzen, Hunger und Tod betrifft, so würde ich mich nicht scheuen, die Beispiele, die ich bei ihnen fände, den berühmtesten Beispielen des Altertums in der Erinnerung unserer Welt an die Seite zu stellen. Rechnet man nämlich bei denen, die sie unterworfen haben, die Listen und die Gaukelspiele ab, deren sie sich bedient haben, um sie zu täuschen, und die begreifliche Überraschung, die jene Völker befiel, als sie so plötzlich bärtige Männer von anderer Sprache, Religion, Gestalt und Aufführung aus einer so weit entfernten Weltgegend, wo sie nie irgendwelche Bewohner vermutet hatten, auf unbekannten Ungeheuern gegen sie, die nicht nur noch nie ein Pferd, sondern auch sonst nie ein Tier gesehen, das einen Menschen oder eine andere Last zu tragen hatte, heranreiten sahen, mit einer harten, leuchtenden Haut und mit einer scharfen und blitzenden Waffe versehen, gegen sie, die um das wunderbare Leuchten eines Spiegels oder eines Messers einen großen Schatz an Perlen und Gold eintauschten und die weder Wissenschaft noch das Zeug besaßen, womit sie unseren Stahl mit Bequemlichkeit hätten durchbohren können; und fügt man Blitz und Donner unserer Geschütze und Gewehre hinzu, die selbst Cäsar zur Stunde noch hätten erschrecken können, wäre er ebenso unvorbereitet davon überrascht worden, – gegen ein Volk, das noch nakkend ging, wo man nicht auf die Erfindung eines Baumwollstoffs schon gekommen war, und ohne andere Waffen als höchstens Bogen, Steine, Keulen und Holzsschilde; ein Volk, das unter dem Scheine der Freundschaft und Redlichkeit und in seiner Neugier auf fremde und unbekannte Dinge überrascht wurde: rechnet man, sage ich, den Eroberern diese Ungleichheit an, so nimmt man ihnen jegliche Aussicht auf all ihre Siege. Betrachte ich die unbezwingliche Glut, mit der sich Tausende von Männern, Frauen und Kindern den nicht zu bannenden Gefahren aussetzen und immer von neuem preisgeben, um ihre Götter und ihre Freiheit zu verteidigen; den großherzigen Starrsinn, mit dem sie lieber das Äußerste, Schwerste und selbst den Tod erdulden als sich der Herrschaft derer unterwerfen, von denen sie so schändlich hintergangen worden, und die Bereitschaft mancher, in der Gefangenschaft lieber Hungers zu sterben, als ihr Leben den Feinden zu danken, die auf so niederträchtige Weise Sieger geblieben sind: dann bin ich gewiß, daß für einen Gegner, der mit ihnen von gleich zu gleich – an Bewaffnung, an Zahl, an Erfahrung – gekämpft hätte, die Gefahr ebenso groß oder größer gewesen sein würde als in jedem anderen Krieg, den wir kennen.

Wäre doch dem Alexander oder den alten Griechen und Römern eine so ruhmvolle Eroberung beschieden gewesen, und eine so große Veränderung und Verwandlung so vieler Reiche und Völker in Händen gelegen, die alles, was da noch wild war, sachte geglättet, gerichtet, den guten Samen, den die Natur schon hervorgebracht, gestärkt und gepflegt und nicht nur dem Ackerbau und dem Schmuck der Städte die Künste der alten Welt, so weit sie dort nötig gewesen sein würden, sondern auch griechische wie römische Tugenden den ursprünglichen des Landes beigemischt hätten! Welche Erneuerung und Verbesserung des Ganzen wäre das gewesen, wenn unsere ersten Beispiele, unser erstes Erscheinen die Völker dort zur Bewunderung und Nachahmung der Tugend vermocht und zwischen ihnen und uns eine brüderliche Gemeinschaft und Übereinkunft gestiftet hätten! Wie leicht wäre es gewesen, mit so frischen und lernbegierigen Seelen, die meistenteils schon so schöne natürliche Anlagen zeigten, in ein vorteilhaftes Verhältnis zu treten! Statt dessen haben wir uns ihre Unwissenheit, ihre mangelnde Erfahrung zunutze gemacht, um sie desto leichter an Treulosigkeit, Unzucht und Habgier, an jede Art von Unmenschlichkeit und Grausamkeit nach dem Vorbild und Muster unserer Sitten zu gewöhnen. Wer hat jemals den Nutzen des Handelsverkehrs so hoch eingeschätzt? So viele Städte geschleift, so viele Völker ausgerottet, so viele Tausende niedergemacht, den reichsten und schönsten Erdteil dem Perlen- und Pfefferhandel zuliebe aus seiner Ordnung geworfen: unwürdige Siege. Noch nie hat der Ehrgeiz, noch nie der Haß zwischen Völkern die Menschen zu so schrecklichen Feindseligkeiten, zu so kläglichem Unheil gegeneinander getrieben.

Als einige Spanier auf der Suche nach ihren Goldminen der Küste entlang fuhren, gingen sie in einer fruchtbaren, schönen und stark besiedelten Gegend an Land und gaben dem Volk wie gewöhnlich bekannt: sie seien friedliche Leute, die von weit her kämen, ausgesandt vom König von Kastilien, dem größten Fürsten der bewohnten Welt, dem der Papst, Gottes Stellvertreter auf Erden, die Herrschaft über alle beiden Indien geschenkt habe; wenn sie ihm tributpflichtig sein wollten, würden sie gnädig behandelt werden; sie verlangten Nahrungsmittel zu ihrem Unterhalt und Gold für die Herstellung gewisser Arzneien; sie wiesen sie außerdem auf den Glauben an einen einzigen Gott und auf die Wahrheit unserer Religion hin, die sie annehmen sollten; dem fügten sie einige Drohungen bei. Die Antwort lautete so: Friedfertig, wenn sie es wären, sähen sie nicht aus; ihr König müsse, da er fordere, arm sein und derjenige, welcher ihm jene Schenkung gemacht, den Streit lieben, da er etwas, das ihm nicht gehöre, einem dritten gebe, um ihn mit den Besitzern zu entzweien; Nahrungsmittel würden sie ihnen verschaffen; Gold hätten sie wenig und machten sich wenig daraus, weil es ihnen für ihr Leben nichts nütze, da sie denn einzig darauf bedacht seien, es glücklich und gedeihlich zu führen; sie sollten aber das Gold, das sie finden könnten, wo es nicht zum Dienst ihrer Götter gebraucht werde, bedenkenlos nehmen; was sie von dem einzigen Gott gehört hätten, habe ihnen gefallen, sie wollten aber ihre Religion nicht ändern, da sie ihnen so lange so nützlich gewesen, und seien es nicht gewohnt, Ratschläge von anderen als befreundeten Menschen anzunehmen; was ihre Drohungen angehe, so sei es ein Zeichen von Unverstand, solchen zu drohen, deren Art und Verhältnisse man nicht kenne; so möchten die Männer sich denn beeilen, das Land zu räumen, denn man sei es hier nicht gewohnt, die Anerbietungen und Erklärungen fremder Bewaffneter freundschaftlich aufzunehmen; man möchte mit ihnen sonst wie mit jenen andern verfahren: dabei zeigten sie ihnen die Köpfe einiger vor ihrer Stadt hingerichteten Männer. Das ist ein Beispiel für das Lallen dieser Kinder. [...]

Nachdem sie von den beiden mächtigsten Herrschern, den Königen der Könige in jener, vielleicht auch in dieser Welt, und den beiden letzten, die sie vertrieben, jenen von Peru in einer Schlacht gefangen genommen und ein Lösegeld von unglaublicher Höhe für ihn verlangt hatten, das auch getreulich bezahlt worden war, und er durch seinen Umgang einen beherzte, großzügigen und standhaften Sinn und einen klaren, wohlgebildeten Verstand bewiesen, fiel es den Siegern ein, nachdem sie eine Million und 325 500 Zentner Gold, außerdem Silber und andere Dinge von nicht geringerem Wert aus ihm gezogen hatten (so daß ihre Pferde nicht mehr anders als mit lötigem Golde beschlagen wurden), nun auch noch, durch welche Schandtat auch immer, in Erfahrung zu bringen, wie groß wohl der übrige Schatz dieses Königs sein möchte. Man erhob eine falsche Anklage gegen ihn, um zu beweisen, daß er einen Aufstand in seinen Provinzen anstiften wolle, damit er befreit würde. Darauf verurteilte man ihn nach dem schönen Schuldspruch eben derjenigen, die ihn so falsch bezichtigt hatten, dazu, öffentlich gehängt und erwürgt zu werden, nachdem man ihm zum Lohn für die Taufe, die er auf der Richtstätte selbst empfing, die Qual erlassen hatte, lebendig verbrannt zu werden; ein furchtbares, unerhörtes Geschick, das er dennoch, ohne sich mit einem Wort oder einer Gebärde zu verleugnen, in wahrhaft königlicher Haltung und Würde erduldete. Und um dann das Volk zu beruhigen, das sich ob solch unfaßlicher Dinge verwunderte und entsetzte, trug man tiefe Trauer über den Tod des Königs zur Schau und ordnete ein prunkvolles Begräbnis an.

Drittes Buch, Kapitel 6

Von der Kunst des Gesprächs

Die ergiebigste und natürlichste Übung unseres Geistes ist meines Bedünkens das Gespräch. Ich sehe in seiner Pflege das Schönste, was wir im Leben tun können.

[...] Wenn man mir widerspricht, weckt man meine Aufmerksamkeit, nicht meinen Unwillen; ich nähere mich dem, der mir widerspricht, der mich unterrichtet: die Sache der Wahrheit sollte die gemeinsame Sache beider sein. [...] Die Wahrheit ist mir willkommen und lieb, in welcher Hand ich sie auch finde, fröhlich unterwerfe ich mich ihr und strecke die Waffen, sowie ich sie auch nur von weitem kommen sehe. Und solange man dabei nicht zu großmächtig magistral auftritt, macht es mir Vergnügen, widerlegt zu werden, und oft füge ich mich den Gegnern eher aus Höflichkeit als aus Überzeugung, weil ich die Freiheit, mich zu belehren, gerne durch bereitwilliges Nachgeben belohne und nähre. [...]

Es ist unmöglich, mit einem Dummkopf ehrlich zu verfahren. Nicht nur mein Urteil wird in der Hand eines so ungestümen Lehrmeisters verdorben, sondern auch mein Gewissen. Unsere Streitreden sollten verboten und bestraft werden wie andere mit Worten begangene Verbrechen. Wieviel Böses rühren sie nicht auf und häufen sie nicht an, da sie immer vom Zorn beherrscht und bestimmt werden! Wir feinden uns zuerst mit Gründen, dann mit den Menschen an. Wir lernen disputieren, nur um zu widersprechen, und da ein jeder widerspricht und auf Widerspruch stößt, ist die Frucht des Disputes zuletzt der Verlust, die Vernichtung der Wahrheit.

[...]

Die Bewegung und die Jagd sind eigentlich unsere Sache: wir sind nicht zu entschuldigen, wenn wir sie dreist und ungeschickt anpacken. Die Beute zu verfehlen ist etwas anderes: wir sind auf der Welt, die Wahrheit zu suchen; sie zu besitzen kommt einer höheren Macht zu.

[...]

Die Halsstarrigkeit und die hitzige Überzeugung sind das sicherste Zeichen der Dummheit; gibt es etwas so Selbstsicheres, Entschlossenes, Überhebliches, Verbohrtes, Ernstes, Schwerfälliges wie den Esel?

Können wir nicht zur Behandlung der Wechselrede und der Mitteilung auch die spitzen und abgebrochenen Einfälle nehmen, die durch Fröhlichkeit und Vertrautheit unter die Freunde gebracht werden, wenn sie einander scherzend und anzüglich necken? eine Übung, zur der mich meine natürliche Munterkeit recht geeignet macht.

Drittes Buch, Kapitel 8

Von den Wörtern

Wann werde ich damit fertig werden, eine unaufhörliche Bewegung und Veränderung meiner Gedanken darzustellen, auf welche Materie sie auch fallen, wo Diomedes sechstausend Bücher mit dem einzigen Inhalt der Grammatik angefüllt hat? Was wird das Geplauder hervorbringen, da schon das Lallen und das Lösen der Zunge die Welt mit einer so erscheckliчhen Last von Bänden erstickt hat! So viele Worte allein über die Wörter! O Pythagoras, warum hast du diesen Sturm nicht beschworen! [...]

Ich meine im Ernst, die Schreibwut sei ein Zeichen für die Maßlosigkeit dieser Zeit. Wann haben wir so viel geschrieben, wie seitdem wir in Wirren geraten sind? wann schrieben die Römer so viel wie im Untergang? [...]

Im Gegensatz zu den anderen bin ich frömmer im Glück als im Unglück. [...] Lieber mache ich dem Himmel freundliche Augen, um ihm zu danken, als um ihn zu bitten. Ich bemühe mich eher, meine Gesundheit zu vermehren, wenn sie es gut mit mir meint, als sie wieder herzustellen, wenn ich es mit ihr verdorben habe.

Drittes Buch, Kapitel 9

Von der Revolution

Nichts bedroht einen Staat so sehr, wie wenn man ihn von Grund auf erneuert; die Veränderung bildet allein schon Ungerechtigkeit und Tyrannei aus. Wenn irgendein Stück sich verschiebt, kann man es richten; man kann verhindern, daß Verformung und Verfall, die allen Dingen natürlich sind, uns allzu weit von unseren Anfängen und Prinzipien entfernen; doch eine so große Masse umschmelzen und die Grundlagen eines so großen Bauwerks verändern zu wollen, das ist die Sache von Leuten, die auslöschen, um zu säubern, die den besonderen Fehlern durch eine allgemeine Verwirrung abhelfen und die Krankheiten durch den Tod heilen wollen. Die Welt ist nicht imstande, sich zu heilen: sie ist so ungeduldig, wenn sie etwas drückt, daß sie nur danach strebt, es abzuschütteln, koste es, was es wolle.

Drittes Buch, Kapitel 9

Vom Bürgerkrieg

Ich habe mich tausendmal in meinem Hause schlafen gelegt und mir vorgestellt, daß man in dieser Nacht mich verraten und umbringen werde, und mir vom Schicksal ausbedungen, daß es ohne Schrecken und rasch geschehe; und nach meinem Vaterunser rief ich aus: *Impius haec tam culta novalia miles habebit*! [»Solch wohlbebautes Land wird ein ruchloser Krieger haben!« Ovid, Ekloge 1, 71.] Was konnte ich tun? Ich bin an diesem Ort geboren, wie der größte Teil meiner Vorfahren; sie haben ihn geliebt und ihm ihren Namen gegeben. Wir werden hart gegen alles, woran wir uns gewöhnen; und bei einer so elenden Verfassung wie der unseren war die Gewöhnung, die unser Gefühl des Leidens an mancherlei Übeln einschläfert, ein wertvolles Geschenk der Natur. Die Bürgerkriege sind in dem Punkte schlimmer als die anderen Kriege, daß jeder im eigenen Haus auf der Hut sein muß. [...] Es geht mir oft so, daß ich die tödlichen Gefahren mit einigem Vergnügen mir ausmale und sie ungeduldig erwarte; ich stürze mich ohne Bedacht kopfüber in den Tod, ohne ihn zu betrachten und zu erkennen, wie in einen stummen und dunklen Abgrund, der mich mit einem Male verschlingt und augenblicklich einen schweren Schlaf auf mich legt, frei von Unruhe und Empfindung.

Drittes Buch, Kapitel 9

Paris

Ich empöre mich nie so sehr gegen Frankreich, daß ich Paris nicht gut wäre. Die Stadt besitzt mein Herz seit meiner Kindheit, und es ist mir mit ihr ergangen wie mit ausgezeichneten Dingen: je mehr andere schöne Städte ich seither gesehen, um so mehr vermag diese über mich. Ich liebe sie um ihretwillen und mehr noch so, wie sie ist, als wie sie mit fremdem Pomp überhäuft wird; ich liebe sie innig mitsamt ihren Warzen und Flecken. Ich bin nur Franzose durch diese große Stadt, groß durch ihre Volksmenge, groß dank ihrer glücklichen Lage, aber vor allem groß und unvergleichlich durch die Vielfalt und Verschiedenheit ihrer Annehmlichkeiten: der Ruhm Frankreichs und eine der edelsten Zierden der Welt. Gott schütze sie vor unseren Entzweiungen! In ihrer Ganzheit und Einheit ist sie vor allen sonstigen Gewalttaten sicher. Sie soll sich gesagt sein lassen, daß von allen Parteien für sie die schlimmste jene sein wird, die sie in Zwietracht versetzt; ich fürchte nichts für sie als sie selbst; und fürchte für sie gewiß so sehr wie für sonst einen Teil dieses Staates. Solange sie besteht, wird mir die Zuflucht nicht fehlen, wo ich mein Leben beschließen und jede andere Zuflucht entbehren kann.

Drittes Buch, Kapitel 9

Über das Reisen

Das Reisen scheint mir eine nützliche Übung zu sein. Die Seele ist dabei stets beschäftigt, unbekannte und neue Dinge zu bemerken; und ich weiß, wie ich oft gesagt habe, keine bessere Schule, das Leben zu bilden, als ihm unablässig die Verschiedenheit so vieler andern Lebensformen, Sinnesarten und Gebräuche vorzuführen und es die so unendliche Mannigfaltigkeit der Gestalten unserer Natur kosten zu lassen. Der Körper ist dabei weder müßig, noch wird er ermüdet, und die maßvolle Bewegung hält ihn in Atem. Ich sitze acht und zehn Stunden zu Pferd, ohne abzusteigen, trotz meiner Koliken. Keine Witterung ist mir zuwider außer heftiger Hitze bei stechender Sonne. [...] Wie die Enten liebe ich Regen und Kot. Die Veränderung der Luft und des Klimas kann mir nichts anhaben; jeder Himmelsstrich gilt mir gleich; nur die innern Veränderungen, die ich selber hervorbringe, setzen mir zu, und sie geschehen mir seltener auf der Reise. Ich bin schwer aufzurütteln; bin ich aber einmal unterwegs, gehe ich so weit, wie man will. Ich sträube mich mehr gegen kleine Unternehmungen als gegen große und bereite mich weniger leicht auf einen Tag vor, an dem ich einen Nachbar besuche, als auf eine richtige Reise. Ich habe mir angewöhnt, meine Reisetage auf spanische Art einzuteilen, eine tüchtige Strecke in einem Zug; und bei gar zu großer Hitze reite ich nachts, zwischen Sonnenuntergang und -aufgang. [...] Meine Faulheit im Aufstehen gibt meinen Leuten Zeit, vor dem Aufbruch in Ruhe zu speisen.

Ich für mein Teil esse nie zu spät: der Appetit kommt mir erst beim Essen und sonst überhaupt nicht; ich habe nie Hunger außer bei Tisch.

Einige Leute werfen mir vor, daß ich diese Übung noch fortsetzen mag, da ich verheiratet und nicht mehr jung bin. Sie haben unrecht. Man soll seinem Haus nur den Rücken kehren, wenn man es so bestellt hat, daß es ohne uns fortbesteht, wenn man ihm eine Ordnung gegeben hat, die mit dem bisherigen Gang übereinstimmt. Viel unvorsichtiger ist es, sich zu entfernen, wenn man sein Haus in nicht so ganz treuer Hut läßt. [...] Ich verlange von einer Ehefrau vor jeder anderen Tugend die Tugend der Wirtschaftlichkeit. [...] Ich halte sie dazu an, indem ich ihr durch meine Abwesenheit die ganze Befehlsgewalt überlasse. Ich sehe es ungern, wenn in manchen Haushaltungen der Herr um die Mittagszeit verstimmt und vom Drang der Geschäfte verdrossen nach Hause kommt, und die Frau ist noch beim Frisieren und Ankleiden auf ihrem Zimmer; das gehört sich für Königinnen, und vielleicht auch für sie nicht. Es ist lächerlich und unbillig, daß unsere Frauen geputzt und müßig sein sollen dank unserer Mühe und Arbeit.

Drittes Buch, Kapitel 9

Von der Abwesenheit in der Ehe und in der Freundschaft

Daß durch die Abwesenheit die Pflichten der ehelichen Freundschaft verletzt werden, glaube ich nicht; viel eher wird hier das Einverständnis durch allzu beständige Anwesenheit abgekühlt und leidet unter der Beeiferung. Jede fremde Frau dünkt uns eine vortreffliche Frau; und jedermann weiß aus Erfahrung, daß der ununterbrochene Anblick nicht dem Vergnügen entspricht, das man empfindet, wenn man bald auseinandergeht, bald wieder zusammenkommt. Diese Unterbrechungen erfüllen mich mit neuer Liebe zu den Meinigen und machen mir den Aufenthalt in meinem Hause wieder angenehmer; der Wechsel macht mir bald auf das eine, bald auf das andere Lust. Ich weiß, die Freundschaft hat lange Arme, genug um vom einen Ende der Welt zum andern sich festzuhalten und zu vereinigen, namentlich aber diese Freundschaft, bei der ein fortwährender Austausch von gefälligen Diensten die Verbindlichkeit und die Erinnerung wachhält. [...]

In der wahren Freundschaft, auf welche ich mich verstehe, gebe ich mich meinem Freund eher hin, als daß ich ihn an mich binde. Es ist mir nicht allein lieber, ihm zu Gefallen zu sein, als wenn er es mir wäre, ich ziehe auch vor, daß er es sich, als daß er es mir sei; er ist es mir dann am meisten, wenn er sich selber es ist, und wenn die Abwesenheit ihm angenehm oder nützlich ist, so ist sie mir viel erfreulicher als seine Gegenwart; auch ist es nicht eigentlich Abwesenheit, wenn man einander Nachricht von sich geben kann. Ich habe seinerzeit Nutzen und Annehmlichkeit aus unserer Entfernung gezogen: wir genossen das Leben voller und ausgedehnter, da wir uns trennten; er lebte, ergötzte sich, schaute an meiner und ich an seiner Statt, völlig als wäre er dabeigewesen; der eine Teil blieb müßig, wenn wir beisammen waren; wir verschmolzen miteinander; verschiedene Orte ließen den gemeinsamen Willen noch besser gedeihen. Der unersättliche Hunger nach körperlicher Gegenwart verrät vielleicht einen Mangel an seelischer Übereinstimmung.

Drittes Buch, Kapitel 9

Das Reisen im Alter

Was nun das Alter betrifft, das man gegen mich anführt, so ist es vielmehr an der Jugend, sich der allgemeinen Meinung zu unterziehen und andern sich anzupassen. Sie kann es beiden recht machen, dem Volk und sich selbst; wir haben schon mehr als genug für uns selber zu tun. In dem Maße, in dem uns die natürlichen Annehmlichkeiten im Stiche lassen, erhalten wir uns durch die künstlichen. Es ist unbillig, daß man die Jugend entschuldigt, wenn sie ihren Vergnügungen nachgeht, und dem Alter verbietet, solche zu suchen. [...] »Aber in diesem Alter werdet Ihr niemals von einer so weiten Reise zurückkehren.« Was kümmert mich das? Ich unternehme sie nicht, um zurückzukehren, noch um sie zu vollenden; ich breche auf, um mich zu rühren, solange es mir gefällt, und ziehe weiter, um weiterzuziehen. Wer einer Pfründe oder einem Hasen nachläuft, der läuft nicht; laufen heißt, sich im Laufen üben. Mein Plan läßt sich überall verkürzen, er gründet sich nicht auf große Hoffnungen; jeder Reisetag kann der letzte sein, und bei der Reise meines Lebens verhält es sich ebenso. Ich habe allerdings in der Fremde manche Orte gesehen, wo ich gewünscht hätte, bleiben zu müssen. Warum nicht, wenn Chrysippos, Kleanthes, Diogenes, Zenon, Antipater, so viele Weise der strengsten Richtung, ihr Land ohne allen Vorwurf verließen, nur um eine andere Luft zu atmen? Wahrhaftig, nichts schafft mir auf meinen Fahrten ein größeres Mißbehagen, als daß ich nicht aufbrechen konnte mit dem Entschluß, mich niederzulassen, wo es mir wohl gefiele.

[...]

Wen seine Geschäfte mitten im Winter durch Bünden führen, der muß sich freilich unterwegs in acht nehmen. Ich, der ich meistens zu meinem Vergnügen reise, stürze mich nicht in solche Gefahren: sieht es rechts übel aus, wende ich mich links; bekommt mir das Reiten nicht, halte ich an. Und dazu ist mir dann freilich nichts so bequem und angenehm wie mein Haus; indessen finde ich den Überfluß allezeit überflüssig und spüre gegen das Wohlsein selbst einen Widerstand. Habe ich etwas Sehenswürdiges hinter mir liegenlassen, so kehre ich um; es ist immer an meinem Weg: ich ziehe keine bestimmte Linie, keine gerade und keine krumme. Finde ich da, wo ich hinkomme, nicht, was man mir gesagt hatte, wie denn die Urteile anderer mit den meinen oft nicht übereinstimmen und mich sogar meistens falsch dünken, so lasse ich mich's nicht verdrießen; ich weiß nun, daß das, was man sagte, nicht da ist.

Meine körperliche Beschaffenheit läßt mir so viel Freiheit und mein Geschmack solche Vielseitigkeit wie nur irgendeinem Menschen; der Unterschied zwischen den Sitten von einer Nation zur andern wird mir nur durch die Freude an der Vielfalt bewußt. Ein jeglicher Brauch hat seine Ursache. Ob die Speisen auf zinnernen, hölzernen oder irdenen Tellern, gekocht oder gebraten, mit Butter, Olivenöl oder Nußöl, warm oder kalt daherkommen, gilt mir alles gleich; so gleich, daß ich mir diesen Gleichmut im Alter vorwerfe und auf einen heiklen Geschmack angewiesen wäre, um meinen wahllosen Appetit zu zügeln und es mitunter meinem Magen leichter zu machen. Wenn ich mich außerhalb Frankreichs befand und mich jemand aus Höflichkeit fragte, ob ich nach französischer Art bedient sein wolle, habe ich darüber gelacht und mich stets an die Tische gesetzt, wo die meisten Fremden saßen. Ich schäme mich unserer Leute, die in dem törichten Wahn befangen sind, sich über alles entsetzen zu müssen, was nicht mit ihrer Art übereinstimmt: sie glauben aus ihrem Element geworfen zu sein, sowie sie aus ihrem Dorfe heraus sind; wohin sie immer kommen, halten sie an ihrer Weise fest und verabscheuen die fremde. Finden sie einen Landsmann in Ungarn, so feiern sie dieses Ereignis, vereinigen und verbrüdern sich und verurteilen die barbarischen Sitten, so viele sie sehen. Barbarisch, wie denn nicht, da sie ja nicht französisch sind? Dabei sind es noch die Aufgewecktesten, die fremde Sitten kennenlernen, um über sie zu lästern. Die meisten ziehen nur aus, um wiederzukommen; sie reisen vermummt und verwahrt, aus Vorsicht schweigsam und unzugänglich, auf der Hut vor Ansteckung durch eine fremde Luft. Was ich von diesen sage, erinnert mich an etwas Ähnliches, das ich bisweilen bei unseren jungen Hofleuten beobachtet habe: sie halten sich nur zu ihresgleichen und sehen uns als Menschen der anderen Welt an, mit Verachtung oder Erbarmen. Nähme man ihnen die Unterhaltungen über die Hofgeheimnisse, wären sie außer Gefecht gesetzt, so ahnungslos und unbeholfen für uns, wie wir es für sie sind.

Ich hingegen reise, weil ich unserer Gebräuche überdrüssig bin, nicht um Gascogner in Sizilien zu suchen, ich habe deren genug zu Hause gelassen; ich suche Griechen und

Perser; ich schließe mich ihnen an, ich betrachte sie; darauf gehe ich aus, damit beschäftige ich mich. Und was noch mehr ist, mich dünkt, ich sei kaum je auf Sitten gestoßen, die es mit den unsern nicht aufnehmen. [...]

Es ist ein seltener Glücksfall, aber eine unschätzbare Hilfe, einen redlichen Mann von gutem Verstand und gleichartigen Sitten zu haben, der uns gern folgt und Gesellschaft leistet; eines solchen hätte ich auf all meinen Reisen am meisten bedurft. Man muß aber diesen Begleiter schon zu Hause gewählt und angeworben haben. Kein Vergnügen hat Wert für mich, wenn ich es nicht mitteilen kann; es fällt mir nicht einmal etwas Rechtes ein, ohne daß ich mich ärgere, weil ich es allein gefunden habe und mit niemandem teilen kann. [...] Die Meinung des Archytas gefällt mir: daß es sogar im Himmel verdrießlich wäre, sich unter den großen und göttlichen Weltkörpern zu ergehen ohne einen Gefährten. Doch ist es noch besser, allein zu sein, als in langweiliger und verständnisloser Gesellschaft. Lieber würde ich mein Leben im Sattel verbringen.

»Habt Ihr keinen bequemeren Zeitvertreib? Woran fehlt es Euch denn? Steht Euer Haus nicht in schöner, gesunder Gegend, wohl versehen und mehr als geräumig? [...] Wo meint Ihr ganz ohne Beschränkung und Störung leben zu können? So seht doch ein, daß nur Ihr selbst Euch zur Last fallt, Euch überall folgen und überall Euch beklagen werdet, denn volle Zufriedenheit gibt es hienieden allein für die Seelen von Tieren oder von Engeln.« [...] Ich weiß wohl, daß die Freude am Reisen genau genommen von Unruhe und Unentschlossenheit zeugt; auch sind dies unsere vorherrschenden und bestimmenden Eigenschaften. Ja, ich bekenne es, ich sehe nichts, auch nicht in meinen Träumen und Wünschen, woran ich mich halten könnte; allein die Abwechslung macht mir Freude, und der Besitz der Vielfalt; so denn wenigstens etwas mir Freude macht.

Drittes Buch, Kapitel 9

Vom Gehorsam gegenüber den Gesetzen

Man kann den besseren Zeiten nachtrauern, aber den gegenwärtigen nicht entfliehen; man kann sich andere Obrigkeiten wünschen, muß aber den jetzigen gleichwohl gehorchen; und es mag sogar verdienstvoller sein, den schlechten zu gehorchen als den guten. Solange noch in irgendeinem Winkel etwas aufleuchtet von den vor alters empfangenen Gesetzen dieser Monarchie, stehe ich hier fest; wenn das Unglück es will, daß sie sich widersprechen, verwirren und einander im Weg sind, und zwei Parteien hervorrufen, so daß die Wahl schwierig und zweifelhaft ist, so werde ich für mein Teil gerne entweichen und mich diesem Ungewitter entziehn; dabei kann mir dann immerhin die Natur behilflich sein oder der Zufall des Kriegs. Zwischen Cäsar und Pompeius hätte ich mich ohne Umschweife erklärt; doch unter jenen drei Räubern, die auf sie folgten, hätte man sich verstecken oder sich nach dem Wind richten müssen, was ich für zulässig halte, wenn es nicht mehr nach der Vernunft geht.

Drittes Buch, Kapitel 9

Über die scheinbare Nachlässigkeit dieser Essais

Dieser Einschub gehört nicht ganz zu meinem Gegenstand. Ich schweife ab, doch aus Mutwillen eher als aus Unachtsamkeit; meine Einfälle folgen einander, aber oft nur von weitem, und sehen sich an, aber von der Seite. [...] Die Überschriften meiner Kapitel erfassen nicht immer den ganzen Inhalt; oft deuten sie ihn nur durch ein Stichwort an. Ich mag den springenden, hüpfenden Gang der Dichtung wohl leiden; sie ist, wie Platon sagt, eine leichte, flüchtige, dämonische Kunst. Es gibt Stellen in den Werken Plutarchs, wo er sein Thema vergißt, wo sich die Abhandlung, die er in Angriff genommen, nur zufällig findet, von fremdem Stoff ganz erstickt; man sehe nur, wie er im ›Dämon des Sokrates‹ vorgeht. O Gott, welch reizende Abschweifungen, welche Schönheit in der Abwechslung und zumal, wo sie unbekümmert und zufällig eintritt! Der unachtsame Leser verliert meinen Gegenstand aus den Augen, nicht ich; es wird sich immer in einem Winkel ein Wort finden, das gerade das richtige und dabei knapp ist.

[...] Und dann gibt es noch den Wahn, daß man die Verständlichkeit geringachtet und mich desto höher schätzen wird, wenn man nicht weiß, was ich meine; man schließt aus der Dunkelheit auf meinen Tiefsinn; doch in Wahrheit ist mir diese Dunkelheit gründlich verhaßt, und ich würde sie, wo ich nur könnte, vermeiden.

Drittes Buch, Kapitel 9

Rom

Wir haben uns die Sorge für die Toten zur Pflicht gemacht. Mit diesen nun bin ich seit meiner Kindheit vertraut gewesen; ich kannte die römischen Begebenheiten, schon lange bevor ich von denen meines Hauses erfuhr. Ich kannte das Kapitol und seinen Grundriß, ehe ich den Louvre kannte, und den Tiber vor der Seine. Die Verhältnisse und die Schicksale der Lucullus, Metellus, Scipio hatte ich besser im Kopf als die jedes Mannes im eigenen Land. Sie sind freilich tot; doch mein Vater ist ebenso tot wie sie und hat sich von mir und vom Leben in achtzehn Jahren so weit entfernt wie sie in sechzehn Jahrhunderten; indessen hege und pflege ich weiter sein Andenken, seine Gesellschaft und Freundschaft und stehe mit ihm in vollkommener, ganz lebendiger Einheit. Ich bin einmal so beschaffen, daß ich mich mehr der Verstorbenen annehme: sie können sich nicht mehr helfen, sie bedürfen, wie mich dünkt, um so mehr meiner Hilfe. Hier kann die Dankbarkeit sich bewähren. [...] Diejenigen, denen ich Freundschaft und Dankbarkeit schulde, haben sie nie verloren, weil sie nicht mehr da sind; ich war ihnen inniger und aufmerksamer erkenntlich, da sie entfernt waren und es nicht wußten; ich spreche liebevoller von meinen Freunden, wenn sie es nicht mehr erfahren können. Auch habe ich hundertmal Streit angefangen, indem ich Pompeius verteidigte oder die Sache des Brutus führte. Solche Bekanntschaft dauert immer noch fort; die gegenwärtigen Dinge bestehen ja auch nur in unserer Einbildung. Wenn ich mich in dieser Zeit unnütz fühle, verziehe ich in jene andere, und von ihr bin ich so eingenommen, daß mich der Zustand des freien, gerechten und blühenden alten Rom (denn die Anfänge und die Niedergänge gefallen mir nicht) berührt und begeistert. Daher werde ich die Lage seiner Straßen und ihrer Häuser und die bis zu den Antipoden reichenden Tiefen jener Ruinen nicht oft genug wiedersehen, daß sie mich nicht unterhalten. Ist es natürlich oder ein Irrtum der Phantasie, daß uns der Anblick von Orten, wo Menschen lebten und wohnten, deren Andenken uns teuer ist, noch mehr bewegt, als von ihren Taten zu hören oder ihre Schriften zu lesen? Ich betrachte gerne ihre Gesichter, und wie sie sich hielten und kleideten; ich murmle die großen Namen und lasse sie mir im Ohr klingen. Bei solchen Dingen, die in manchen Teilen groß und staunenswert sind, staune ich auch die gemeinen Teile an; ich möchte jene Menschen auch sehen, wie sie plaudern, spazieren und speisen. Es wäre Undankbarkeit, die Reliquien und die Bildnisse so vieler achtenswerter und tapferer Männer geringzuschätzen, die ich leben und sterben gesehn, und die durch ihr Beispiel uns so viele gute Lehren erteilen, wenn wir ihnen zu folgen verstünden.

Und auch das Rom, das wir heute sehen, verdient, daß man es liebt: wie lange ist es nicht schon, und auf wie vielfache Weise, mit unserer Krone verbündet und ist die einzige universale und allen gemeinsame Stadt: die souveräne Obrigkeit, die dort regiert, wird auch sonst überall anerkannt; es ist die Hauptstadt aller christlichen Nationen: der Spanier, der Franzose, jeder ist da zu Hause; um zu den Fürsten dieses Staates zu gehören, muß man einzig zur

Christenheit, wo auch immer, gehören. Es ist hienieden kein Ort, den der Himmel mit solcher Gunst und Beständigkeit auserwählt hat; sein Untergang sogar ist ruhmreich und stolz, und selbst auf dem Grabe noch trägt er Zeichen und Abbild der Weltherrschaft.

Drittes Buch, Kapitel 9

Von den Kindern

Ich spüre auch nichts von jener starken Verbindung, welche die Menschen, wie man sagt, durch die Kinder, die ihren Namen und die Ehre ihres Geschlechts weitertragen, zur Zukunft haben; und vielleicht darf ich sie mir um so weniger wünschen, wenn sie so wünschenswert sind. Ich hänge am Leben und an dieser Welt nur zu sehr durch mich selbst; es genügt mir schon, dem Schicksal durch die unvermeidlichen Umstände meines eigenen Daseins ausgeliefert zu sein, ohne seine Macht über mich auf andere Weise noch zu verlängern; und ich war nie der Meinung, keine Kinder zu haben sei ein Mangel, der das Leben weniger vollständig und erfreulich mache. Der Stand der Unfruchtbarkeit hat auch seine Annehmlichkeiten. Die Kinder gehören zu den Dingen, die man sich nicht zu sehr wünschen sollte, besonders heutigentags, da es so schwer sein würde, etwas Gutes aus ihnen zu machen.

Drittes Buch, Kapitel 9

Von den öffentlichen Pflichten

Im Vergleich mit den meisten Menschen werde ich von wenigen Dingen berührt oder, besser gesagt, in Anspruch genommen, denn sie sollen uns freilich berühren, wenn sie nur nicht von uns Besitz ergreifen. Ich achte sehr darauf, durch Studium und Betrachtung diesen Vorzug der Unempfindlichkeit zu vermehren, der von Natur aus in mir weit gediehen ist. Ich lasse mich deshalb auf wenige Dinge mit wirklichem Eifer ein. Ich habe ein klares Gesicht, aber ich richte es auf wenige Dinge; ein empfindliches, feines Gehör, doch im Aufmerken und Begreifen bin ich schwerfällig und taub; ich gehe schwer auf etwas ein. [...] Ich bin der Meinung, man müsse sich anderen leihen und nur sich selber sich geben. Wenn sich mein Wille leicht verpfänden und verwenden ließe, würde ich es nicht aushalten; ich bin zu empfindsam sowohl von Natur wie durch meine Lebensart. [...] Man muß mit der Freiheit der Seele haushälterisch umgehen und sie nur bei den rechten Gelegenheiten verpfänden; und deren sind es sehr wenige, wenn wir verständig urteilen.

[...]

Wahrscheinlich zählt dazu die wahre Freundschaft, welche ein jeder sich schuldig ist; nicht falsche Freundschaft, die uns nach Ruhm, Gelehrsamkeit, Reichtum und solcherlei Dingen mit maßloser, ausschließender Leidenschaft greifen läßt wie nach Teilen unseres Daseins; und auch keine unbedachte und schwache Freundschaft, bei der es zugeht, wie wenn der Efeu die Wand verdirbt, an die er sich heftet; sondern eine heilsame und geordnete, ebenso nützliche wie ergötzliche Freundschaft. Wer ihre Pflichten kennt und ihnen nachkommt, der ist in Wahrheit ein Vertrauter der Musen und hat den Gipfel der menschlichen Weisheit und unseres Glücks erreicht. Da er genau weiß, was er sich schuldig ist, gehört zu seiner Lebensregel auch, daß er den Umgang mit den andern und mit der Welt sich zu eigen machen und zu diesem Zwecke der Öffentlichkeit die Dienste leisten muß, die ihm zufallen. Wer gar nicht für andere lebt, lebt auch für sich selber kaum.

Drittes Buch, Kapitel 10

Seine Amtsführung als Bürgermeister von Bordeaux

Alle öffentlichen Handlungen sind unsicheren und voneinander verschiedenen Auslegungen unterworfen, weil zu viele Köpfe über sie urteilen. Einige sagen von meiner damaligen Tätigkeit in der Stadt (über die ich gern ein paar Worte verliere, nicht weil sie es wert wäre, aber sie läßt mein Benehmen in solchen Dingen erkennen), ich hätte mich als ein Mann betragen, der allzu schwer aus der Ruhe zu bringen ist und nur mäßigen Eifer zeigt; und sie sind damit gar nicht weit von der äußeren Wahrheit entfernt. Ich versuche, meine Seele und meine Gedanken in Ruhe zu erhalten [...] Aus diesem von Natur aus mäßigen Eifer darf man nun aber nicht auf Unvermögen schließen (denn Mangel an Emsigkeit und Mangel an Einsicht sind zwei Dinge) und noch weniger auf Achtlosigkeit und Undankbarkeit gegenüber der Bürgerschaft, welche das Äußerste, was sie vermochte, tat, um mir gefällig zu sein, noch bevor sie mich kannte und später; und die viel mehr für mich tat, da sie mir mein Amt wieder gab, als da sie es mir zuerst gab. Ich will ihr so wohl, wie man irgend kann; und hätte die Gelegenheit sich geboten, ich würde nichts unterlassen haben, um ihr zu Diensten zu sein. Ich habe mich für sie geplagt wie für mich selbst. Es sind gute Leute, kriegerisch und großherzig, dabei zu Gehorsam und Zucht und zum Dienst an einer guten Sache bereit, wenn sie gut geführt werden. Es wird auch gesagt, meine damalige Amtsführung sei vorübergegangen, ohne

Spuren zu hinterlassen. Gut! Man tadelt meine Zurückhaltung in einer Zeit, da fast jedermann erwiesenermaßen zu viel tat. [...] Ich tadle keine Obrigkeit, welche schläft, wenn nur jene, die ihr unterstellt sind, ebenfalls schlafen; so schlafen auch die Gesetze. Ich für mein Teil lobe mir ein unscheinbar hingleitendes, stilles Leben.

[...]

Wer mir die Ordnung, die sanfte, lautlose Ruhe meiner Amtsführung nicht zugute halten will, der wird mir zum mindesten den Anteil nicht absprechen, den ich dank meinem günstigen Geschick daran genommen. Ich bin einmal so beschaffen, daß ich nicht weniger gerne glücklich als klug bin und meine Erfolge ebenso gern nur der Gnade Gottes wie meinem Zutun verdanke. Ich hatte der Welt klar genug eröffnet, daß ich für solche öffentlichen Geschäfte wenig geeignet sei; und ich bin nicht bloß ungeeignet, sondern, was schlimmer ist, mich verdrießt kaum, daß ich es bin, und ich versuche auch bei der Lebensart, die ich mir vorgesetzt, kaum mich zu bessern. Ich habe mir bei dieser Tätigkeit selbst nicht genug getan, doch habe ich annähernd das erreicht, was ich mir versprochen, und bei weitem das übertroffen, was ich denen versprochen, mit denen ich es zu tun hatte; denn ich verspreche gern ein bißchen weniger, als ich kann und als ich zu halten hoffe. Ich bin gewiß, daß weder Kränkung noch Haß zurückbleibt; ob ich vermißt werde, ob man nach mir verlangt, ich weiß zum mindesten, daß ich wenig danach gefragt habe.

Drittes Buch, Kapitel 10

Gerüchte und Übertreibungen

Ich habe zu meiner Zeit manche Wunder entstehen sehen. [...] Der Irrtum einzelner Personen läßt zuerst den Irrtum aller entstehen, und danach entsteht wiederum aus dem Irrtum aller der Irrtum der einzelnen. So wird dieses ganze Gebäude aufgeführt und gewinnt seine Form, indem jedermann Hand anlegt, dergestalt daß der entfernteste Zeuge besser unterrichtet ist als der nächste, und der zuletzt unterrichtete fester überzeugt als der erste. Das ist ein natürlicher Vorgang; denn wer immer etwas glaubt, hält es für ein Werk der Barmherzigkeit, einen andern davon zu überzeugen, und damit dies gelinge, scheut er sich gar nicht, aus eigener Erfindung so viel hinzuzutun, wie er für notwendig hält, um dem Widerstand und dem Ungenügen, die er im Kopf des andern vermutet, abzuhelfen. Ich selbst, der ich mir ein besonderes Gewissen daraus mache, nicht zu lügen, und wenig beeifert bin, dem, was ich sage, Glauben und Autorität zu verschaffen, bemerke dennoch, daß ich in der Hitze der Mitteilung meinen Gegenstand durch die Stimme, durch Gebärden, durch Nachdruck und Kraft der Worte, ja durch Ausdehnung und Erweiterung größer und bedeutender mache; nicht ohne Schaden für die schlichte Wahrheit; doch tue ich dies mit dem Vorbehalt, daß ich für den ersten, der mich nach der nackten und rohen Wahrheit fragt, sofort mein Bemühen aufgebe und sie ihm ohne Übertreibung, Nachdruck und Ausschmückung sage.

Drittes Buch, Kapitel 11

Sokrates

Entstünde in diesen Tagen etwas von solcher Art, wenige Menschen wüßten es zu schätzen. Wir nehmen die Anmut nur wahr, wenn sie zugespitzt, aufgebläht und mit Kunst übertrieben erscheint. Kommt sie in unverbildeter Einfalt daher, so entgeht sie leicht einem stumpfen Blick wie dem unsern; ihre Schönheit ist zart und geheim: es bedarf eines scharfen und reinen Blicks, um solch heimliches Licht zu entdecken. [...] Sokrates gibt seiner Seele eine natürliche und gewöhnliche Bewegung ein. [...] Er ist nicht mit eitlen Einbildungen beschäftigt: er hatte sich vorgesetzt, uns zu zeigen und zu lehren, was wirklich und im Zusammenhange dem Leben dient. Er war auch immer ein und derselbe und stimmte sich nicht in Sprüngen, sondern aus seiner Natur heraus zu der höchsten Spannung; oder vielmehr, er stimmte nichts in die Höhe, sondern er zog und lenkte alles auf seinen natürlichen Ausgangspunkt und nahm ihm die Schärfe, den Widerstand und die Schwierigkeiten; während man etwa bei Cato wohl sieht, daß er eine gezwungene, weit über das Gemeine aufragende Haltung einnimmt; in den großen Taten seines Lebens wie in seinem Tode spürt man immer, auf welch hohem Roß er sitzt. Sokrates hält sich an den Boden; in sachtem, gewöhnlichem Schritte führt er die nutzbringendsten Gespräche und begegnet so auch dem Tod und den schlimmsten Widerwärtigkeiten, die sich im menschlichen Leben einstellen können, mit großer Fassung.

[...] Von großer Bedeutung ist es, daß er der reinen Einbildungskraft eines Kindes solche Ordnung hat geben können, daß er aus ihr ohne Zwang und Veränderung die schönsten Wirkungen unserer Seele zog. Er stellt sie weder erhaben noch reich begabt, bloß gesund dar, doch freilich auf frohe und reine Weise gesund. [...] Er brachte die menschliche Weisheit vom Himmel herab, wo sie ihre Zeit vertat, und gab sie dem Menschen wieder, bei dem sie ihr wahrstes und schwerstes Amt hat. [...] Er hat der Menschennatur einen großen Dienst erwiesen, da er ihr zeigte, wie viel sie selber vermag.

Wir alle sind reicher begabt, als wir denken; doch man bringt uns das Borgen und Betteln bei und leitet uns an, uns der Kraft der anderen mehr als der unseren zu bedienen.

[...]

... tapfer im Tod, nicht weil seine Seele unsterblich ist, sondern weil er sterblich ist. Verderbliche Lehre für jeden Staat, und viel schädlicher als scharfsinnig, welche dem Volke einredet, es genüge der Glaube allein, auch ohne die Werke, um der göttlichen Gerechtigkeit Genüge zu tun.

[...]

Wozu rüsten wir uns nur immer mit diesen Spitzfindigkeiten und gelehrten Bemühungen? Blicken wir auf die Erde: die armen Leute, die wir auf ihr verbreitet sehen, über ihr Tagesgeschäft gebeugt, ohne Aristoteles oder Cato, ohne ein Vorbild oder eine Lehre zu kennen; in ihnen bringt die Natur, Tag für Tag, Früchte der Ausdauer und der Geduld hervor, welche reiner und kräftiger sind als jene, die wir aus Wißbegierde uns aneignen. Wie viele von ihnen sehe ich täglich, die ihrer Armut nicht achten, wie viele, die den Tod herbeiwünschen oder ihn ohne Betrübnis und Schrecken hinnehmen? Der Mann dort, der in meinem Garten gräbt, hat heute morgen seinen Vater oder seinen Sohn beerdigt.

Drittes Buch, Kapitel 12

Über den Bürgerkrieg

Dies schrieb ich um die Zeit, da unsere Wirren sich monatelang als schwere Last auf mir niederließen. [...]

Der ungeheuerliche Krieg! Die andern sind draußen im Gange; dieser richtet sich gegen sich selbst, verzehrt und vernichtet sich durch sein eigenes Gift. Er ist von so bösartiger und verderblicher Art, daß er mit allem andern sich zugrunde richtet und sich in seiner Wut zerreißt und verstümmelt. Wir sehen ihn öfter von selbst sich aufreiben als aus Mangel an irgend etwas Notwendigem oder durch feindliche Macht. Ihn flieht jede Zucht. Er soll der Empörung abhelfen und ist selber davon erfüllt, will den Ungehorsam ahnden und gibt selbst ein Beispiel dafür, er ist zur Verteidigung der Gesetze geführt worden und nimmt an dem Aufruhr gegen die eigenen teil. Wohin sind wir geraten?

[...] Auch Platon will nicht einräumen, daß man der Ruhe des Vaterlandes Gewalt antue, um es zu heilen, und billigt die Verbesserung nicht, die alles verwirrt und aufs Spiel setzt und das Blut und das Gut der Bürger kostet. [...] Der Ehrgeiz, die Habgier, die Grausamkeit, die Rachsucht haben nicht genug eigenen und natürlichen Drang; machen wir sie noch aufreizender und verlockender durch den Ruhmestitel der Frömmigkeit und Gerechtigkeit. Einen schlimmeren Stand der Dinge kann man sich nicht vorstellen, als daß die Bösartigkeit rechtens wird und mit Bewilligung des Magistrats den Mantel der Tugend anlegt.

[...] Die Lebenden litten darunter, und ebenso die noch Ungeborenen. Man raubte dem Volk, und folglich auch mir, alles und selbst die Hoffnung, indem man ihm nahm, wovon es lange Jahre hindurch hätte leben können.

Ich erlitt noch andere Erschütterungen. Ich bekam die Nachteile zu spüren, die bei solchen Anfällen die Mäßigung bringt. Ich erhielt Prügel von allen Seiten; dem Ghibellinen war ich ein Guelfe, dem Guelfen ein Ghibelline; einer meiner Dichter sagt das sehr gut, aber ich weiß nicht mehr wo. Die Lage meines Hauses und die Bekanntschaft mit den Männern in meiner Nachbarschaft stellten mich von einer Seite vor, mein Leben und meine Handlungen von einer andern. Es kam nicht zu förmlichen Anklagen, denn man konnte mich nirgends fassen; ich weiche niemals von den Gesetzen ab, und wer gegen mich vorging, mußte mir die Beweise schuldig bleiben. [...] Wenn das Unglück will, daß Verdächtigungen gegen mich ausgestreut werden, leiste ich ihnen gewöhnlich noch Vorschub, da ich Rechtfertigungen, Entschuldigungen, Erklärungen seit jeher vermeide; denn ich halte dafür, daß ich meinem Gewissen zu nahe trete, wenn ich es in Schutz nehme; und als schaute ein jeder so klar in mein Inneres wie ich selbst, lasse ich mich auf die Anklage ein, statt mich vor ihr zurückzuziehen, und bestätige sie eher durch ein ironisches Geständnis, wenn ich nicht einfach stillschweige, als sei sie keiner Antwort würdig. Nun sind mir aber diejenigen, die das als hochmütiges Selbstvertrauen verstehen, kaum weniger böse als die, welche darin die Schwäche einer nicht zu verteidigenden Sache erblicken.

[...] Seien wir dem Schicksal dankbar, daß es uns nicht in

einer verweichlichten, matten und müßigen Zeit leben läßt. [...] So wie ich kaum je in den Geschichtsbüchern von den Verwirrungen in anderen Staaten lesen kann, ohne zu bedauern, daß ich sie nicht aus der Nähe betrachten konnte, so macht meine Neugier auch, daß ich mir etwas darauf zugute tue, das merkwürdige Schauspiel des Sterbens unseres Staates in seinen Symptomen und Formen zu sehen; und da ich es einmal nicht aufhalten kann, soll's mir doch recht sein, daß ich ausersehen bin, es mit anzuschauen und daraus zu lernen. [...] Ich zweifle, ob ich mit Anstand zugeben kann, wie billig ich Ruhe und Frieden gegeben habe, um mehr als die Hälfte meines Lebens inmitten der Zerstörung meines Landes zu verbringen. Meine Geduld in den Unglücksfällen, die nicht mich selbst betreffen, hat mich nicht allzuviel gekostet; und bevor ich mich selber beklage, schaue ich nicht so sehr auf das, was man mir nimmt, als auf das, was mir bleibt, an Innerem und an Äußerem.

Drittes Buch, Kapitel 12

Über die Pest

Und nun suchte mich nach allem übrigen noch eine andre Vermehrung des Übels heim. Sowohl in wie außer meinem Hause kam mir die Pest heftiger als irgendwo sonst auf den Hals; denn ebenso wie die gesunden Körper den schwersten Krankheiten unterworfen sind, zumal nur diese sie überwältigen können, so brachte auch die sehr heilsame Luft meiner Gegend, in der seit Menschengedenken die Ansteckung selbst aus der Nähe nie hatte Fuß fassen können, seltsame Wirkungen hervor, da sie das Gift einmal aufnahm.

Ich litt unter diesem Schauspiel so, daß mir der Anblick meines Hauses entsetzlich wurde. Alles, was sich darin befand, war unbewacht, und jeder konnte sich nehmen, worauf er Lust hatte. Bei all meiner Gastfreundschaft hatte ich nun die größte Mühe, eine Zuflucht für meine Familie zu finden: eine aus der Bahn geworfene Familie, die ihren Freunden und sich selbst Angst einflößte, Schrecken verbreitete, wo sie unterzukommen suchte, und ihren Aufenthalt wechseln mußte, sowie einen der ihren der kleine Finger zu schmerzen begann. Alle Krankheiten wurden für Pest genommen; man nahm sich nicht die Zeit, sie zu untersuchen. Und das beste ist, daß man sich nach den Regeln der Kunst bei jeder Gefahr, der man nahe kommt, vierzig Tage lang wegen der Krankheit ängstigen muß und inzwischen die Einbildung einen auf ihre Weise in Atem hält und die Gesundheit selbst fiebern läßt.

Dies alles würde mich viel weniger berührt haben, hätte ich nicht die Not der andern empfinden müssen, da ich sechs elende Monate lang als Führer dieser Karawane zu dienen hatte; denn ich selbst führe die Mittel zu meiner Bewahrung immer mit mir, nämlich Entschlossenheit und Standhaftigkeit. Die Furcht, vor der man sich bei dieser Krankheit besonders in acht nehmen muß, drückt mich kaum; und wäre ich allein gewesen und sie hätte mich gepackt, ich würde viel schneller und weiter geflohen sein. [...]

Doch welch ein Beispiel der Entschlossenheit gab uns nun nicht das ganze Volk in seiner Einfalt! Ein jeder gab jegliche Sorge um den Lebensunterhalt auf: die Trauben blieben an den Rebstöcken, das hauptsächliche Gut des Landes; denn alle ohne Unterschied bereiteten sich auf den Tod vor, den sie zum Abend oder zum anderen Tag erwarteten, mit so wenig erschrockener Miene und Stimme, daß es schien, als hätten sie sich mit dieser Notwendigkeit abgefunden wie mit einem allgemeinen und unausweichlichen Verhängnis. Das ist der Tod immer; wie wenig fest aber steht der Entschluß zu sterben! der Abstand und der Unterschied weniger Stunden, die bloße Betrachtung der Gesellschaft verändert unser Gefühl. Diese nun, ob ihnen in *einem* Monat Kinder, Jünglinge, Greise sterben, entsetzen sich nicht mehr darüber und weinen nicht mehr. Ich habe solche gesehen, die fürchten mußten, in schrecklicher Einsamkeit zurückzubleiben, und habe gewöhnlich keine andere Sorge bemerkt als die, wie sie ihre Toten begrüben; es schmerzte sie, die Leichname auf den Feldern verstreut als Beute der wilden Tiere zu sehen, die sich zusehends vermehrten. [...] Da grub ein Gesunder sich schon sein Grab; andere legten sich noch lebendig hinein; und einer meiner Tagelöhner scharrte mit Händen und Füßen die Erde auf sich zusammen, während er starb. Hieß das nicht, sich gut zudecken, um ruhig zu schlafen?

Drittes Buch, Kapitel 12

Über die Furcht vor dem Tode

Versteht ihr nicht zu sterben, so soll's euch nicht anfechten; die Natur wird euch an Ort und Stelle ganz und genug unterrichten; sie wird dies pünktlich für euch besorgen, kümmert euch nicht darum. Wir stören das Leben durch die Sorge um den Tod und den Tod durch die Sorge für das Leben. Nicht auf den Tod selbst bereiten wir uns vor, er ist eine zu augenblickliche Sache. Eine Viertelstunde Leiden, das keine Folgen mehr hat, keinen Schaden mehr stiftet, verdient keine besonderen Anweisungen. In Wahrheit rüsten wir uns gegen das, was dem Tode vorangeht.

[...] Die Menschen sind verschieden in ihren Gefühlen, und verschieden stark; man muß sie je nach ihrer Art und auf verschiedenen Wegen zu ihrem Besten leiten. [...] Meinen wir nicht das, wenn wir sagen, daß dem gemeinen Volk seine Dummheit und Unempfindlichkeit die Geduld verleiht, mit der es die gegenwärtigen Übel erträgt, seine tiefe Gleichgültigkeit gegenüber bevorstehendem Unheil? daß die schweren, stumpferen Seelen auch nicht so leicht zu durchdringen und zu erregen sind? Bei Gott! wenn es sich so verhält, so laßt uns bei der Dummheit in die Schule gehen.

Drittes Buch, Kapitel 12

Von der Schönheit

Sokrates ist ein vollkommenes Beispiel für alle großen Eigenschaften gewesen. Es stört mich, daß er zu einem, wie man berichtet, mißratenen Körper gekommen, der so wenig der Schönheit seiner Seele entsprach. Die Natur war ungerecht gegen ihn. Es gibt nichts Wahrscheinlicheres als die Übereinstimmung und Verhältnismäßigkeit zwischen Körper und Geist. [...]

Ich kann nicht oft genug sagen, wie sehr ich die Schönheit, diese mächtige und glückliche Eigenschaft, schätze; Sokrates nannte sie eine kurze Tyrannis. Und Platon das natürliche Vorrecht. Es gibt nichts, was sie an Geltung überträfe: sie hat im Umgang unter den Menschen den ersten Rang inne; sie stellt sich als erste dar, sie verführt und bestimmt unser Urteil mit großer Autorität und durch wunderbare Überzeugung. [...] Nicht nur bei den Leuten, die mir dienen, sondern auch bei den Tieren dünkt es mich, daß sie der Güte sehr nahe kommt.

Mir scheint, daß die Form und die Bildung eines Gesichts und die Züge, woraus man auf gewisse innere Anlagen und auf künftige Schicksale schließen will, nicht unmittelbar ins Kapitel der Schönheit und Häßlichkeit gehören. [...] In einem Gesicht, das nicht eigentlich wohlgestaltet ist, kann ein Ausdruck von Redlichkeit und Vertrauenswürdigkeit stehen; so wie ich umgekehrt auch schon zwischen zwei schönen Augen einen bösen, gefährlichen Charakter drohen sah. Es gibt angenehme Physiognomien; und in der Bedrängnis durch siegreiche Feinde wird man sofort unter Unbekannten eher den einen als den andern auswählen, um sich ihm zu ergeben und ihm sein Leben anzuvertrauen, und dabei wird man nicht eigentlich auf die Schönheit achten. [...]

Ich habe für mich, wie ich an einer anderen Stelle gesagt, die alte Regel ganz einfach und so, wie sie ist, übernommen: daß wir nicht fehlgehen können, wenn wir der Natur folgen; daß es die Hauptregel ist, sich ihr anzupassen. Ich habe nicht, wie Sokrates, durch die Kraft der Vernunft meine natürlichen Anlagen korrigiert und nicht durch Kunst meine Neigung verrückt. Ich lasse mich gehen, wie ich gekommen bin, ich bekämpfe nichts, meine beiden Hauptteile leben von selbst in Frieden und Eintracht; die Milch meiner Amme ist aber auch, Gott sei Dank!, einigermaßen gesund und weder zu warm noch zu kalt gewesen.

Drittes Buch, Kapitel 12

Vom Aussehen

Ich habe ein gutes Aussehen, das auch einen günstigen Eindruck macht. Es ist mir oft begegnet, daß Personen, die von mir keinerlei Kenntnis hatten, einfach auf Grund meiner Erscheinung und meiner Miene ein großes Zutrauen zu mir gefaßt haben, sei es für ihre, sei es in meinen Angelegenheiten; und daraus habe ich in fremden Ländern besondern und außergewöhnlichen Nutzen gezogen. Zwei Begebenheiten verdienen es wohl, daß ich sie umständlich mitteile.

Jemand beschloß, mein Haus und mich zu überfallen. Sein Kunstgriff war, daß er allein vor meinem Tor erschien und dringend um Einlaß bat. Ich kannte ihn dem Namen nach und hatte keinen Grund, ihm zu mißtrauen, da er mein Nachbar und ein entfernter Verwandter war. Ich ließ also aufmachen, wie ich es immer tue. Da stand er nun, schrekkensbleich, sein Pferd außer Atem, gänzlich erschöpft. Er erzählte mir folgendes Märchen: es habe ihn vorhin, eine halbe Meile von da, einer seiner Feinde getroffen, den ich übrigens kannte, so wie ich auch von ihrer Fehde gehört hatte; dieser Feind habe ihn hart verfolgt, und da er ungerüstet gewesen sei, und sein Gefolge an Zahl unterlegen, habe er seine Zuflucht bei mir gesucht; er sei sehr in Sorge um seine Leute, die gewiß überwältigt und getötet worden seien. Ich versuchte ganz arglos, ihn zu beruhigen, zu trösten und zu erquicken. Kurz danach kommen vier oder fünf seiner Leute, sehen ebenso erschrocken aus und wollen auch herein, und andere nach ihnen, gut beritten und aufs beste bewaffnet, an die fünfundzwanzig oder dreißig, die so tun, als wäre ihnen der Feind auf den Fersen. Dieses Rätsel begann meinen Argwohn zu wecken. Ich wußte ja, in welcher Zeit ich lebte, wie sehr mein Haus den Neid auf sich ziehen konnte, und ich hatte von andern aus meiner Bekanntschaft gehört, denen es ebenso übel ergangen war. Zugleich bedachte ich indessen, daß ich nichts gewänne, wenn ich ihm zuerst den Gefallen getan, jetzt aber nicht dabei bliebe, und daß ich nicht loskommen würde, ohne alles aufs Spiel zu setzen; so entschied ich mich, wie ich es immer tue, für den einfachsten und natürlichsten Weg und befahl, sie einzulassen. Auch bin ich in Wahrheit nicht mißtrauisch von Natur; ich bin geneigt, zu entschuldigen und die wohlwollendste Erklärung gelten zu lassen; ich nehme die Menschen, wie sie gemeinhin sind, und glaube nicht an Verworfenheit und Widernatur, so wenig wie an Mißgeburten und Wunder, wenn nicht ein sicheres Zeugnis mich dazu zwingt. Und überdies bin ich ein Mensch, der sich gern seinem Glück anvertraut und sich ihm ohne Bangigkeit in die Arme wirft; worüber ich mich bis zur Stunde eher zu freuen als zu beklagen hatte, da ich das Schicksal mit meinen Bewandtnissen besser vertraut und ihnen gewogener fand als mich selbst. Es gibt einige Handlungen in meinem Leben, deren Durchführung man wohl schwierig oder meinetwegen klug nennen kann. Doch mag ich bei ihnen vielleicht ein Drittel auf meine Rechnung setzen, reichlich zwei Drittel gehen gewiß auf die Rechnung des Glücks. [...]

Die Leute waren nun zu Pferd in meinem Hof, der Anführer bei mir im Saal; er hatte nicht zugelassen, daß man sein Pferd versorge; er müsse, sagte er, wegreiten, sobald er

Nachricht von seinen Leuten hätte. Er sah, daß der Anschlag nach Wunsch gedieh; er mußte ihn nur noch ausführen. Er hat seither oft gesagt (denn er scheute sich nicht, davon zu erzählen), daß mein Gesicht und meine Offenherzigkeit ihm sein verräterisches Tun verleidet hätten. Er stieg wieder zu Pferd, während ihn seine Leute nicht aus den Augen ließen, um zu sehen, was für ein Zeichen er ihnen gebe, und sehr erstaunt waren, als er davonritt und seinen Vorteil nicht wahrnahm.

Ein andermal verließ ich mich auf irgendeinen Waffenstillstand, der in unseren Heeren bekannt gemacht worden, und begab mich auf eine Reise durch äußerst unsicheres Land. Ich war kaum unterwegs, so setzten mir drei oder vier Reiterhaufen von verschiedenen Seiten her nach; einer holte mich am dritten Tag ein, und fünfzehn oder zwanzig vermummte Edelleute, denen ein Schwarm von berittenen Schützen folgte, griffen mich an. Schon war ich gefangen gesetzt, in einen nahen Wald geführt, vom Pferd gezogen und ausgeplündert, meine Kisten wurden durchsucht, mein Geldkasten fortgeschleppt, Pferde und Troß unter neue Herren verteilt. Wir stritten uns in dem Gehölz lange Zeit wegen meines Lösegeldes, welches sie so hoch ansetzten, daß man wohl meinen konnte, sie wüßten nicht recht, wer ich sei. Sie gerieten in heftigen Streit über mein Leben. Und manche Umstände wiesen mir allerdings die Gefahr, die mir drohte. Ich berief mich immer auf den Waffenstillstand und blieb dabei, daß ich ihnen nur den Gewinn lassen wollte, der ihnen durch meine Plünderung zugefallen und nicht zu verachten war, und ihnen sonst kein Lösegeld versprach. Nachdem wir uns zwei oder drei Stunden dort aufgehalten und sie mich dann auf ein Pferd gesetzt hatten, das ihnen nicht entwischen konnte, meine besondere Aufsicht fünfzehn oder zwanzig Schützen übertragen, meine Leute auf andre verteilt und befohlen hatten, daß wir auf verschiedenen Wegen gefangen weggeführt wurden, und nachdem ich schon etwa zwei oder drei Büchsenschüsse weit gekommen war, befiel sie eine ganz unerwartete, plötzliche Sinnesänderung. Ich sah, wie der Anführer, nicht mehr drohend, sondern mit freundlicheren Worten, wieder auf mich zukam, sich bemühte, meine zerstreuten Sachen in dem Haufen wieder zusammenzusuchen, und mir die wichtigsten, soweit sie sich fanden, auch meine Börse und meinen Geldkasten, zurückgeben ließ. Das beste Geschenk, das sie mir machten, war endlich meine Freiheit; an dem übrigen lag mir zu jener Zeit nicht viel. Den wahren Grund für eine so jähe Veränderung, für diesen Sinneswandel ohne erkennbaren Antrieb, für eine so wunderbare Reue in solcher Zeit, bei einem wohlüberlegten und vorsätzlichen Anschlag, den die Gewohnheit rechtfertigte (denn ich hatte ihnen von Anfang an offen erklärt, zu welcher Partei ich gehörte und welchen Weg ich nähme), weiß ich in Wahrheit noch heute nicht recht. Der Ansehnlichste in dem Haufen, der seine Maske abnahm und mir seinen Namen nannte, sagte mir damals einige Male, ich verdankte meine Befreiung meinem Gesicht, dem Freimut und der Entschiedenheit meiner Worte, welche mich über ein solches Unwesen stellten, und bat mich um eine gleiche Zusicherung. Es ist möglich, daß sich die Güte Gottes für meine Bewahrung dieses nichtigen Werkzeugs bedienen wollte; sie schützte mich am Tage danach vor andern, schlimmern Gefahren, vor denen mich diese Leute selber gewarnt hatten. Der letzte von ihnen lebt noch und kann dies bezeugen; der erste ist vor kurzem getötet worden.

Wenn mein Gesicht nicht für mich spräche, wenn man nicht in meinen Augen und in meiner Stimme die Einfalt meiner Absicht erkennte, würde ich nicht ohne Händel und Kränkung so lange Jahre bestanden haben, mit der unbekümmerten Freiheit, die Kreuz und die Quer herauszusagen, was mir in den Sinn kommt, und ohne Rücksicht über die Dinge zu urteilen.

Drittes Buch, Kapitel 12

Von den Gesetzen

Die Vernunft hat so viele Gestalten, daß wir nicht wissen, an welche uns halten; die Erfahrung hat ebenso viele. Unsere Schlüsse aus dem Zusammenwirken der Ereignisse sind unsicher, zumal es immer wieder andere sind. Nichts ist der Erscheinung der Dinge so allgemein eigentümlich wie ihre Verschiedenheit und Mannigfaltigkeit. [...]

Deshalb bin ich nicht einverstanden mit demjenigen, welcher durch viele Gesetze die Machtvollkommenheit der Richter zu beschränken und ihnen ihre Bissen vorzuschneiden dachte; er merkte nicht, daß die Gesetze ebenso frei und nach ebenso vielen Seiten hin ausgelegt wie erlassen werden können. [...] Wir haben unseren Richtern so viel zu befinden und zu entscheiden gelassen, daß es noch nie solche Freiheit und Willkür gegeben hat. Was haben unsere Gesetzgeber gewonnen, da sie hunderttausend Gattungen und besondere Fälle hervorzogen und hunderttausend Gesetze für sie erließen? Diese Zahl steht in keinem Verhältnis zu der unendlichen Verschiedenheit der menschlichen Handlungen. Wir können unsere Erfindungen vervielfachen und werden die Vielfalt der Beispiele doch nicht erreichen. Fügt man noch hundertmal so viele hinzu, es wird doch kein künftiges Ereignis auf einen der vielen Tausende ausgewählter und aufgezeichneter Fälle treffen, dem es sich so genau anpassen und angleichen könnte, daß nicht irgendein Umstand, ein Unterschied bliebe, der wieder eine andere Beurteilung fordert; es gibt wenig Übereinstimmung zwischen unseren Handlungen, die in beständiger Verwandlung begriffen sind, und den festen, unbeweglichen Gesetzen. Am wünschenswertesten sind möglichst wenige, möglichst einfache und allgemeine Gesetze; und immer noch besser wäre es, dünkt mich, keine zu haben, als sie in so großer Zahl zu haben wie wir.

Die Natur gibt uns stets die bessern, als die sind, die wir uns geben.

Drittes Buch, Kapitel 13

Über die Rechtsgelehrten

Wie kommt es, daß unsere alltägliche Sprache, die sich so leicht jedem andern Gebrauche fügt, in einem Vertrag oder Testament dunkel und unverständlich wird, und daß derjenige, der sich so deutlich ausdrückt, was immer er sagt und schreibt, hierin keine Art sich zu äußern findet, die nicht in Zweifel und Widersprüche gerät? Der Grund kann nur der sein: die Häupter dieser Kunst, im besondern Bestreben, feierliche Worte zu wählen und kunstreiche Sätze zu bilden, haben jede Silbe so abgewogen und jede Naht so zurechtgezupft, daß sie nun ganz verstrickt und verwickelt sind in die Unzahl ihrer Redewendungen und dermaßen feiner Aufteilungen, daß keinerlei Ordnung noch Vorschrift, noch sichere Erkenntnis sie fassen kann.

Drittes Buch, Kapitel 13

Über die Auslegungen

Nie haben zwei Menschen über dieselbe Sache in gleicher Weise geurteilt; und es ist unmöglich, bei verschiedenen Menschen, ja auch bei demselben Menschen zu verschiedenen Zeiten zwei völlig gleiche Meinungen festzustellen. Gewöhnlich finde ich Anlaß zu Zweifeln, wo die Auslegung solche nicht angebracht fand. Ich stolpere eher auf ebenem Grund, so wie ich Pferde kenne, die auf geradem Wege am meisten anstoßen.

Wer wollte bestreiten, daß Zweifel und Unwissenheit durch die Glossen vermehrt werden, da ja bei keinem Buch, ob menschlich, ob göttlich, mit dem sich die Welt beschäftigt, die Schwierigkeit durch die Erklärung behoben wird? Der hundertste Kommentar gibt es dem nächsten noch dornenreicher und verwickelter weiter, als es für den ersten gewesen. Wann sind wir uns einmal einig: dieses Buch sei erläutert genug, es gebe nichts mehr darüber zu sagen?

[...]

Man hat mehr damit zu tun, die Auslegungen auszulegen, als die Sachen zu erklären, und es gibt mehr Bücher über Bücher als über andere Gegenstände: wir tun weiter nichts als uns gegenseitig glossieren. Es wimmelt von Kommentaren; an Autoren herrscht Mangel.

Drittes Buch, Kapitel 13

Von der Freiheit

Noch nie hat, gottlob, ein Richter mit mir als Richter gesprochen, weder in meiner noch eines Dritten Sache, weder in einem Kriminal- noch in einem Zivilfall; ich bin in keinem Gefängnis gewesen, auch zu keinem Besuch. Die Einbildungskraft macht mir den Anblick schon von außen verdrießlich. Ich bin so auf die Freiheit angewiesen, daß man mir nur den Zugang zu irgendeinem Winkel Indiens verbieten müßte, um mir das Leben ein wenig zu vergällen; und solange mir anderwärts Land und Luft offenständen, würde ich nicht an einem Orte verfaulen, wo ich mich zu verbergen hätte.

Mein Gott, wie wenig könnte ich den Zustand ertragen, in dem ich so viele Leute sehe, die in einem Teil dieses Königreichs angenagelt sind, ohne die Hauptstädte und die Höfe betreten und die Heerstraßen benützen zu dürfen, weil sie sich gegen unsere Gesetze vergangen haben! Wenn mir die, unter denen ich lebe, nur mit dem kleinen Finger drohten, ich würde den Augenblick gehen und andere suchen, wo es auch sei. Meine ganze bescheidene Klugheit verwende ich jetzt in unserem Bürgerkriege darauf, daß er mir meine Freiheit, zu kommen und zu gehen, nicht nimmt.

Nun bleiben aber die Gesetze in Geltung, nicht weil sie gerecht sind, sondern weil sie Gesetze sind: das ist der mystische Grund ihrer Macht, einen andern Grund haben sie nicht.

[...]

Nichts ist so schwer, so gründlich, so häufig fehlerhaft wie die Gesetze. Wer ihnen gehorcht, weil sie gerecht sind, gehorcht ihnen nicht aus dem Grunde, aus dem er ihnen gehorchen muß.

Drittes Buch, Kapitel 13

Von den Naturgesetzen

Mit gutem Grund verweisen uns die Philosophen auf die Gesetze der Natur; die aber haben nichts zu tun mit solch hoher Wissenschaft: sie werden durch sie verfälscht; man stellt sie uns allzu bunt geschminkt und zurechtgemacht dar, und daraus entstehen so vielfältige Bilder eines so einfachen Gegenstandes. So wie die Natur uns Füße zum Gehen gab, so besitzt sie auch Klugheit, um uns im Leben zu führen. [...] Wer sich ihr schlicht anvertraut, der vertraut sich ihr auf die klügste Art an. Oh, welch gesundes, sanftes und weiches Kissen ist die wunschlose Unwissenheit für einen wohlgeratenen Kopf!

Drittes Buch, Kapitel 13

Von der Urteilskraft

Die Urteilskraft hat bei mir einen hohen Rang; wenigstens strebt sie gewissenhaft danach; sie läßt meinen Begierden ihren Lauf, dem Haß und der Freundschaft – auch derjenigen, die ich mit mir selbst pflege –, ohne dadurch verändert und verdorben zu werden. Wenn sie die übrigen Teile nicht nach ihrem Sinn bessern kann, so läßt sie sich doch von ihnen nicht verunstalten; sie spielt ihr eigenes Spiel. [...] Denn es gehört ein gewisser Grad von Einsicht dazu, daß man feststellt, man wisse nichts; und gegen eine Türe müssen wir drücken, um herauszufinden, daß sie uns verschlossen ist. Hartnäckiges Behaupten ist ein sicheres Zeichen von Dummheit.

Drittes Buch, Kapitel 13

Widersprüche

Ich finde es nicht allein schwierig, unsere Handlungen miteinander zu verknüpfen; es dünkt mich auch bei jeder einzelnen schwierig, sie durch eine hauptsächliche Eigenschaft zutreffend zu bezeichnen, so zweideutig sind sie, in so vielen Farben schillern sie. [...] Kein Verhalten ohne Gegenläufigkeit und seltsamen Widerspruch; keine einfache Fähigkeit: so daß man sich eines Tages nichts Wahrscheinlicheres wird vorstellen können, als daß er sich alle Mühe gab, sich durch Unerkennbarkeit bekannt zu machen.

Drittes Buch, Kapitel 13

Lebensregeln und persönliche Gewohnheiten

Ein junger Mann muß seine Regeln umstoßen können, um seine Spannkraft wachzuhalten und sie vor Schimmel und Fäulnis zu bewahren; und keine Lebensart ist so töricht und schwach wie jene, die sich nach Zucht und Vorschrift richtet. Er muß sogar oft, wenn er mir glauben will, über die Stränge schlagen; sonst wird die geringste Ausschweifung ihm verderblich, und er selber im Umgang lästig und unangenehm. [...]

Ich bin so sehr wie nur möglich zur Freiheit und Unbedenklichkeit angehalten worden; doch da ich in reiferen Jahren aus Bequemlichkeit bei bestimmten Formen geblieben bin (denn in meinem Alter ist man aus der Erziehung heraus und kann bloß noch darauf achten, daß man sie sich erhält), hat sich mir in gewissen Dingen unvermerkt das Gebräuchliche dermaßen eingeprägt, daß ich es Ausschweifung nenne, von ihm abzuweichen; so kann ich, ohne mir Gewalt anzutun, am Tage nicht schlafen, zwischen den Mahlzeiten nicht essen, nicht frühstücken, nicht ohne großen Abstand vom Abendessen, drei Stunden ungefähr, schlafen gehen, nur vor dem Einschlafen Kinder machen und dies nicht stehend tun, keine verschwitzten Sachen anbehalten, weder reines Wasser noch reinen Wein trinken, nicht lange barhaupt bleiben und mich nach dem Essen nicht scheren lassen; und würde ebenso ungern auf meine Handschuhe wie auf mein Hemd verzichten, oder auf das Waschen nach Tisch oder beim Aufstehen, oder auf den Betthimmel und die Vorhänge, als wären dies lauter sehr nötige Dinge. Ich könnte ohne Tischtuch speisen; aber nur mit großer Mühe wie die Deutschen ohne weißes Mundtuch; das beschmutze ich mehr als sie oder die Italiener, und Löffel und Gabel gebrauche ich wenig. Ich bedaure, daß sich eine Gepflogenheit nicht verbreitet hat, die ich nach dem Beispiel der Könige aufkommen sah: daß man die Servietten von Gang zu Gang wechselte wie die Teller. Wir wissen von dem unermüdlichen Krieger Marius, daß er im Alter heikel wurde beim Trinken und nur noch seinen besonderen Becher benützte; auch ich ziehe eine bestimmte Art von Gläsern vor und trinke nicht gern aus gemeinem Glase, sowenig als von gemeiner Hand; Tassen mißfallen mir und Silberzeug statt Glas; kein Metall gefällt mir so wohl wie der helle, durchsichtige Stoff, an dem sich auch meine Augen erfreuen können. Manche derartigen Vorlieben verdanke ich der Gewohnheit. Die Natur hat mir andererseits auch die ihren beigebracht; wie etwa, nicht mehr zwei volle Mahlzeiten an einem Tag einzunehmen, weil sonst mein Magen überladen wird; und ebenso wenig mich einer Mahlzeit ganz zu enthalten, weil ich sonst Blähungen bekomme, der Mund mir austrocknet und der Appetit schwindet.

Drittes Buch, Kapitel 13

Krankheit und Gesundheit

Ob gesund oder krank, ich habe immer den Gelüsten nachgegeben, die mich drängten. Meinen Begierden und Neigungen räume ich große Befugnisse ein. Das Übel durch das Übel zu heilen ist mir zuwider: ich hasse die Heilmittel, die beschwerlicher sind als die Krankheit. Von der Kolik befallen sein und das Vergnügen entbehren, Austern zu essen, sind zwei Übel statt des einen: die Krankheit zwickt uns von einer Seite, die Vorschrift von der andern. Da man schon einmal Gefahr läuft, sich zu verrechnen, verrechnen wir uns lieber im Gefolge des Vergnügens. Die Welt macht es umgekehrt und hält nur für nützlich, was lästig ist; was leichtfällt, ist ihr verdächtig. Mein Appetit hat sich in manchen Dingen recht glücklich von selbst angepaßt und dem Wohlergehn meines Magens gefügt; Saures und scharfe Saucen mochte ich, als ich jung war; da solches meinem Magen nicht mehr behagte, folgte ihm der Geschmack unverzüglich. Der Wein schadet den Kranken: er ist das erste, was meinem Gaumen widerstrebt und wozu er sich nicht überreden läßt. Was immer ich widerwillig zu mir nehme, schadet mir, und nichts schadet mir, was ich hungrig und mit Genuß verzehre. Nie hat mir eine Handlung, die mir Vergnügen machte, Schaden gebracht; und dabei habe ich jede medizinische Verordnung hintangesetzt. [...]

Wir müssen die Gesetze unseres Zustands mit Sanftmut ertragen; es ist uns bestimmt, alt und schwach zu werden und krank zu sein, aller Heilkunst zum Trotz.

[...] Man muß ertragen lernen, was man nicht vermeiden kann. Unser Leben besteht, wie die Harmonie der Welt, aus entgegengesetzten Dingen, aus verschiedenen Tönen, sanften und rauhen, schrillen und dumpfen, tiefen und hohen. Was hätte der Musiker zu bestellen, dem nur die einen gefielen? er muß sich ihrer insgesamt bedienen und sie mischen; und so auch wir das Gute und das Üble, das zusammen den Stoff unseres Lebens ausmacht. Ohne diese Mischung können wir nicht sein, und nichts ist darin weniger notwendig als das andere.

Drittes Buch, Kapitel 13

Von der Genesung

Was ist aber so beglückend wie der jähe Wechsel, wenn ich durch die Abführung meines Steins nach heftigsten Schmerzen wie einen Blitzstrahl das schöne Licht der Gesundheit so frei und so völlig wieder erblicke, wie dies bei unsern plötzlichen und höchst grimmigen Koliken geschieht? Ist wohl an den erlittenen Schmerzen etwas, das diese Freude über eine so rasche Wiederherstellung aufwöge? Wie viel schöner erscheint mir die Gesundheit nach der Krankheit, an die sie so nahe sich anschließt, daß ich die eine in der Gegenwart der andern und beide in ihrem höchsten Staat erblicke. [...] So viele Zufälle und so viele Stufen kennt der Rückweg in die Gesundheit, daß er nie endet. Ehe man uns eine Kopfbinde und dann auch die Kappe hat abnehmen lassen und ehe man uns den Genuß der frischen Luft, des Weins, unserer Frau, der Melonen wieder gestattet, ist es ein großes Wunder, wenn wir nicht einem neuen Leiden verfallen sind.

Drittes Buch, Kapitel 13

Seine persönlichen Gewohnheiten

Nichts muß man der Jugend so sehr empfehlen, wie tätig und wach zu sein; unser Leben ist nichts als Bewegung. Ich rühre mich schwer von der Stelle und verspäte mich bei allem, beim Aufstehen, beim Zubettgehen, bei den Mahlzeiten; für mich wird es erst um sieben Uhr Morgen, und wo es nach mir geht, speise ich mittags nicht vor elf und abends erst nach sechs Uhr. Früher habe ich die Ursache meiner Fieber und Krankheiten der Schwere und der Betäubung zugeschrieben, die mir der lange Schlaf eintrug, und habe es immer bereut, wenn ich des Morgens wieder einschlief. Platon hält das Übermaß für schädlicher beim Schlafen als beim Trinken. Ich schlafe gern hart und allein, ohne Frau, nach der Art der Könige, recht gut zugedeckt. Man wärmt mir das Bett nie; aber seit ich alt bin, lasse ich mir, wenn es nötig ist, Tücher geben, um die Füße und den Magen zu wärmen. [...] Wenn ich in meiner Wartung ein wenig heikel bin, dann am ehesten hinsichtlich des Bettes; aber ich füge mich im allgemeinen so gut wie ein anderer der Notwendigkeit. Der Schlaf nimmt einen großen Teil meines Lebens ein; und noch in meinem Alter schlafe ich acht oder neun Stunden in einem Zug. Ich tue gut daran, mich dieser Neigung zur Trägheit zu erwehren; ich befinde mich dadurch besser; die Veränderung macht mir zuerst ein wenig zu schaffen, doch nach drei Tagen ist das vorbei. Und ich kenne kaum einen, der, wenn es sein muß, mit weniger auskäme und sich beständiger übte oder dem die Anstrengung weniger schwer fiele. Mein Körper erträgt kräftige, aber nicht heftige und plötzliche Bewegung. Ich meide jetzt die gewaltsame Übung, die mich zum Schwitzen brächte; meine Glieder werden müde, bevor sie warm werden. Ich bin einen ganzen Tag auf den Beinen und werde das Spazierengehen nicht leid; doch auf dem Pflaster mochte ich schon in frühester Jugend nur reiten; zu Fuß beschmutze ich mich bis zum Hintern, und kleine Leute werden in den Gassen gestoßen und weggedrängt, weil man sie nicht beachtet.

Drittes Buch, Kapitel 13

Das Kriegsleben

Es gibt keine so angenehme Beschäftigung wie die kriegerische: sie ist edel in ihrer Ausübung, denn die stärkste, großmütigste und herrlichste aller Tugenden ist die Tapferkeit; und sie ist edel in ihrer Sache, denn nichts kann nützlicher, gerechter und von allgemeinerer Geltung sein, als daß man die Ruhe und Größe seines Landes schützt. Die Gesellschaft so vieler vornehmer junger, tätiger Männer; der tägliche Anblick so vieler tragischer Schauspiele; die Freiheit des ungekünstelten Umgangs und einer männlichen, zwanglosen Lebensart; die Mannigfaltigkeit tausend verschiedener Handlungen; die hochgemute Harmonie der kriegerischen Musik, die uns unterhält und das Ohr wie die Seele erwärmt; die Ehrenhaftigkeit dieses Tuns, selbst wo es hart und beschwerlich ist; all dies muß uns gefallen.

Drittes Buch, Kapitel 13

Selbstzufriedenheit

Wenn sich der Körper ebenso nach mir richtete wie die Seele, würden wir unbeschwerter vorankommen. Sie war damals nicht allein frei von Unruhe, sondern auch wohlzufrieden und voller Freude, wie sie das meistens ist, halb von Natur, halb aus Vorsatz [...] Den natürlichen Niedergang, den ich an mir erfahre, beklage ich keineswegs, sowenig wie ich es bedaure, daß mein Leben nicht so lang und unvermindert währt wie das einer Eiche.

Ich kann mich nicht über meine Einbildungskraft beklagen; ich habe in meinem Leben nicht viele Gedanken gehabt, die mir auch nur den Schlaf unterbrochen hätten, es wären denn Begierden gewesen, die mich weckten, ohne mich zu betrüben. Ich träume nicht oft, und bloß Phantasien und Chimären, welche zumeist aus angenehmen, eher lustigen als traurigen Gedanken hervorgehen; ich meine, es sei wirklich so, daß die Träume getreue Ausleger unserer Neigungen sind, doch gehört Kunst dazu, sie einer Ordnung nach zu verstehen.

Drittes Buch, Kapitel 13

Persönliche Gewohnheiten

Ich wähle bei Tisch nicht lange, sondern greife nach dem ersten und nächsten Gericht und gehe nicht gerne von einem Geschmack zu einem anderen über. Wenn Schüsseln und Gänge sich hintereinander her drängen, ist mir das ebenso zuwider wie jedes andere Gedränge; ich begnüge mich leicht mit wenigen Gerichten und verabscheue, was bei Favorinus gelehrt wird: daß man uns bei einem Gastmahl das Fleisch, auf das wir Lust haben, wegnehmen und immerfort durch ein neues ersetzen müsse, daß es ein klägliches Mahl sei, bei dem man die Gäste nicht mit den Bürzeln verschiedener Vögel vollgestopft habe, und daß einzig die Feigenschnepfe es wert sei, daß man sie ganz esse. Ich esse vorzugsweise gesalzenes Fleisch, aber das Brot lieber ungesalzen, und mein Bäcker bringt mir entgegen der Gewohnheit des Landes kein anderes für meinen Tisch. Man hat mir in meiner Kindheit hauptsächlich abgewöhnen müssen, daß ich die Dinge zurückwies, die man in diesem Alter am liebsten mag: Zuckerwerk, Eingemachtes, Gebackenes. Mein Hofmeister bekämpfte diese Abneigung gegen Leckereien als Neigung zur Leckerei; und sie ist auch nichts anderes als heikler Geschmack in anderer Form. Wer einem Kind eine besondere und hartnäckige Vorliebe für schwarzes Brot, für Speck oder Knoblauch austreibt, der treibt ihm die Naschhaftigkeit aus. Manche Leute geben sich geduldig und tüchtig, indem sie über den Rebhühnern dem Rindfleisch und dem Schinken nachtrauern; das mögen sie ruhig tun; darin besteht ja der Geschmack der Verwöhnten, daß man bei den gewohnten und gewöhnlichen Dingen keinen Reiz mehr empfindet. Und es ist freilich etwas anderes, wenn man seine Eßlust eher auf solche Dinge richtet, die leichter zu haben sind; aber es bleibt doch immer eine Untugend, sie überhaupt richten zu müssen.

Drittes Buch, Kapitel 13

Von der ersten Erziehung

Wenn ich Söhne hätte, würde ich ihnen gerne mein Glück wünschen. Der gute Vater, den Gott mir gegeben und der von mir nur meine Dankbarkeit, aber eine herzhafte Dankbarkeit, für seine Güte empfangen hat, ließ mich von meiner Wiege an in einem armen Dorfe, das ihm gehörte, aufziehen, solange ich eine Amme hatte und länger, so daß ich mich an die niedrigste und gewöhnlichste Lebensweise gewöhnte. Nie soll man die Sorge für ihre Ernährung selbst übernehmen und noch weniger sie seiner Frau überlassen; sie sollen sich auf gut Glück nach den Regeln des Volkes und der Natur heranbilden; die Gewohnheit soll sie zu Sparsamkeit und Entbehrung anhalten, damit sie eher von dem harten Leben ablassen als sich zu ihm hin mühen müssen. Mit seiner Grille verfolgte er noch ein anderes Ziel: ich sollte mit dem Volk und dem Zustande jener Menschen vertraut werden, die unserer Hilfe bedürfen, und eher auf den schauen, der seine Arme nach mir ausstreckte, als auf denjenigen, der mir den Rücken zuwandte. Aus diesem Grund ließ er mich auch von Personen niedrigsten Stands aus der Taufe heben, damit ich ihnen verpflichtet und zugetan sei.

Sein Vorhaben ist ihm gar nicht übel gelungen: ich halte mich gern zu den kleinen Leuten, sei es, weil es rühmlicher ist, sei es aus angeborenem Mitleid, welches so viel über mich vermag.

Drittes Buch, Kapitel 13

Vom persönlichen Geschmack

Lange bei Tisch zu sitzen ist mir langweilig und schädlich; denn ob ich es nun von Kind auf gewohnt bin oder ob ich mich nicht beherrschen kann: ich esse, solange ich sitze; daher ich zu Hause, obwohl hier die Mahlzeiten kurz sind, gerne ein wenig später als die andern zu Tisch gehe. [...] Danach aber ruhe ich gern lange aus und höre zu, wie geredet wird, wenn ich mich nur nicht beteiligen muß: weil das Sprechen mit vollem Magen mich ermüdet und mir nicht zuträglich ist, so angenehm und gesund mich das Schreien und Streiten vor dem Essen auch dünkt.

[...]

Die um meine Person besorgt sind, können leicht von mir fernhalten, wovon sie meinen, daß es mir nicht bekommt; denn in solchen Dingen begehre oder vermisse ich nie etwas, das ich nicht sehe; dafür ist es aber auch verlorene Mühe, mir Enthaltung von dem zu predigen, was ich vor mir habe; wenn ich fasten will, darf ich nicht bei den Speisenden sitzen, und man muß mir nur gerade so viel vorsetzen, wie es für eine bemessene Mahlzeit braucht; setze ich mich zu Tisch, so vergesse ich meinen Entschluß. Wenn ich befehle, daß man eine Speise anders zubereite, wissen meine Leute, daß ich keine Lust mehr habe und sie nicht mehr anrühren werde. Ich esse gerne alles Fleisch, das dies verträgt, wenig gebraten und lange gelagert, und manches so, daß es schon etwas riecht. Mich stört nur, wenn es zäh ist (gegen alle anderen Eigenschaften bin ich so unbekümmert und unempfindlich wie irgendeiner, der mir bekannt wäre); so daß mich entgegen dem allgemeinen Geschmack gelegentlich selbst ein Fisch zu frisch und zu fest dünkt. Das liegt nicht an meinen Zähnen, die immer gut, ja vorzüglich waren und denen das Alter erst jetzt gefährlich zu werden beginnt. Ich habe schon als Kind gelernt, sie sowohl am Morgen wie vor und nach dem Essen mit dem Mundtuch zu reiben.

Gott erweist denjenigen eine Gnade, denen er das Leben nach und nach entzieht; das ist der einzige Vorzug des Alters; der letzte Tod wird um so weniger bedrängend und schmerzhaft sein: er wird nur noch die Hälfte oder das letzte Viertel eines Menschen töten. Da ist mir nun ohne Schmerz, ohne Anstrengung ein Zahn ausgefallen, am natürlichen Ziel seiner Dauer; dieser Teil meiner selbst und mehrere andere sind schon tot, andere halb tot, die in der Kraft meiner Jahre zu den tätigsten und vornehmsten zählten. So schmelze ich hin und entschwinde mir. [...] Es ist mir in Wahrheit ein rechter Trost beim Gedanken an meinen Tod, daß er ein zeitiger und natürlicher Tod sein wird und daß ich vom Schicksal inskünftig keine Gunst mehr zu fordern habe oder erhoffen soll. Die Menschen lassen sich weismachen, daß sie ehedem nicht nur den höheren Wuchs, sondern auch ein längeres Leben hatten; sie irren aber, und Solon, der ein Mann jener alten Zeiten war, gibt als Grenze der Lebensdauer siebzig Jahre an.

Drittes Buch, Kapitel 13

Über ein langes Leben

Sollte gerade ich, nachdem ich das *ariston metron* der vergangenen Zeit stets so hoch gehalten, das Mittelmaß für vollkommen erachtet habe, ein übermäßiges und unglaubliches Alter erwarten? Alles, was dem natürlichen Gang der Natur entgegenläuft, kann beschwerlich werden; was aber nach der Natur geschieht, muß immer erfreulich sein. [...]

Der Tod mengt und mischt sich überall in unser Leben; der Niedergang nimmt seine Zeit vorweg und schleicht sich schon in unseren Aufstieg ein. Ich habe Bildnisse von mir, wie ich mit fünfundzwanzig und dreißig Jahren aussah; ich vergleiche sie mit dem jetzigen; wie sehr bin ich ein anderer geworden! wie viel weiter ist mein gegenwärtiges Bild von jenen entfernt als von dem meines Todes! Man verlangt zu viel von der Natur, wenn man sie so lange weiterschleppt, bis sie uns schließlich verlassen und unser Auftreten, unsere Augen, Zähne, Beine und alles übrige einem fremden, erbettelten Beistande preisgeben, uns den Händen der Kunst überliefern muß, da sie uns nicht mehr folgen mag.

Ich bin nicht besonders begierig nach Salaten und Früchten, mit Ausnahme der Melonen. Mein Vater haßte alle Arten von Saucen, ich liebe sie alle. Zuviel essen bekommt mir nicht; was aber die Eigenschaften betrifft, so kann ich nicht mit Gewißheit sagen, daß irgendeine Speise mir schade; so wie ich auch weder Vollmond noch Neumond, weder den Herbst noch den Frühling spüre. Es gibt in uns ungleichmäßige und unbekannte Bewegungen; so fand ich

Rettich zum Beispiel anfangs bekömmlich, dann unzuträglich, jetzt wieder bekömmlich. Mein Appetit und mein Magen verhalten sich so in manchen Dingen verschieden; ich bin vom Weißwein zum Rotwein und vom Rotwein wieder zum Weißwein übergegangen.

Ich esse gern Fisch und mache aus den Fasttagen meine Festtage und aus den Festtagen meine Fasttage; ich teile die Meinung, daß Fisch leichter verdaulich ist als Fleisch. So wie ich mir ein Gewissen daraus mache, an Fischtagen Fleisch zu essen, ist es auch wider meinen Geschmack, Fisch und Fleisch zu vermengen: der Unterschied dünkt mich zu groß.

Seit meiner Jugend überspringe ich mitunter eine Mahlzeit, entweder um meinen Appetit für den nächsten Tag zu schärfen (denn wie Epikur gefastet und sich mit magerer Kost begnügt hat, um seine Lust zum Verzicht auf den Überfluß anzuhalten, will ich umgekehrt meine Lust darin üben, daß sie den Überfluß mehr und besser genießt); oder um mich für eine körperliche oder geistige Tätigkeit tüchtig zu erhalten, denn Körper und Geist werden bei mir durch Überfüllung erbärmlich träge, und namentlich hasse ich die törichte Verkuppelung einer so munteren Göttin mit dem unverdaulichen, rülpsenden kleinen Gott, der von seinem Getränk ganz benebelt ist; oder um meinem verdorbenen Magen aufzuhelfen; oder weil mir die rechte Gesellschaft fehlt, denn ich sage mit dem schon genannten Epikur, daß man weniger darauf achten soll, was man ißt, als mit wem man ißt, und ich lobe den Chilon, der nicht versprechen wollte, zum Gastmahl des Periander zu kommen, bevor man ihm sagte, wer die anderen Gäste seien. Es gibt für mich kein so erfreuliches Gericht und keine so verlockende Würze wie die, welche man aus der Gesellschaft zieht.

Drittes Buch, Kapitel 13

Vom zuträglichen Gebrauch der körperlichen Freuden

Ich bleibe nur immer am Boden und hasse jene unmenschliche Weisheit, die uns zu Verächtern und Feinden des Körpers und seiner Pflege machen will. Ich achte es für gleich ungerecht, ob man den natürlichen Lüsten gram oder ihnen allzusehr zugetan ist.

[...] Es gibt Leute, wie Aristoteles sagt, die sich aus wildem Stumpfsinn vor ihnen verschließen; ich kenne andere, die das aus Ehrgeiz tun. Warum verzichten sie nicht auch auf das Atmen? Warum leben sie nicht von dem, was sie haben, und verweigern das Licht, weil es umsonst ist und sie weder Erfindung noch Anstrengung kostet? Sollen doch Mars oder Pallas oder Merkur ihnen helfen, anstelle von Venus, Ceres und Bacchus. Werden sie noch die Quadratur des Zirkels ausmitteln, wenn sie ihre Frauen beschlafen? Ich hasse es, wenn man uns heißt, mit dem Geist in den Wolken zu sein, während wir mit dem Körper zu Tisch sitzen. Ich meine nicht, daß sich der Geist darauf festnageln, noch daß er sich darin suhlen soll, aber er soll sich damit beschäftigen. Wenn ich tanze, tanze ich; wenn ich schlafe, schlafe ich; und wenn meine Gedanken auf einem einsamen Spaziergang in einem schönen Garten eine Zeitlang bei entfernteren Gegenständen geweilt haben, führe ich sie auch wieder zu dem Spaziergang, zu dem Garten, zum Genusse der Einsamkeit und zu mir selbst zurück.

Die Natur hat als Mutter darauf geachtet, daß die Handlungen, die sie uns überbunden hat, weil wir ihrer bedürfen, für uns zugleich eine Lust sind; und sie lädt uns nicht allein durch die Vernunft dazu ein, sondern auch durch den Trieb; man tut unrecht, ihre Regeln zu verfälschen. [...] Wir sind große Narren! »Er hat sein Leben in Müßiggang hingebracht«, sagen wir; »heute habe ich nichts getan.« Wie das? Haben wir nicht gelebt? Das ist nicht nur die grundlegende, sondern auch unsere vornehmste Tätigkeit. »Hätte man mich für die großen Geschäfte verwendet, ich würde gezeigt haben, was ich vermag.« Haben wir unser Leben bedacht und in die Hand genommen? so ist das größte von allen unseren Werken vollbracht; um sich zeigen und vorstellen zu können, bedarf die Natur keiner Glücksfälle; sie zeigt sich in allen Ständen und hinter dem Vorhang nicht anders als unverhüllt. Haben wir Ordnung in unsere Sitten gebracht? so haben wir mehr getan, als wer ein Buch zustande gebracht hat. Haben wir ruhen können? so taten wir mehr, als wer Reiche und Städte eroberte. Das ruhmvolle Meisterwerk des Menschen ist es, recht zu leben.

Drittes Buch, Kapitel 13

Um recht zu leben

So haben die Weisen gelebt; und das unnachahmliche Streben nach der Tugend, das uns bei dem einen wie bei dem anderen Cato erstaunt, jene fast übertriebene Sittenstrenge hat sich so den Gesetzen des menschlichen Daseins, der Venus auch und des Bacchus, sacht unterzogen und gern gefügt. [...]

Ein leichtes, lockeres Wesen gereicht, wie mich dünkt, einer starken, großmütigen Seele zu schönster Ehre. Epaminondas war nicht der Meinung, daß es dem Ruhm seiner glorreichen Siege und der vollkommenen Reinheit seiner Sitten abträglich sei, wenn er sich an dem Tanz der Knaben seiner Stadt, am Gesang und am Spiel mit Eifer beteiligte. Und keine der vielen bewundernswürdigen Handlungen des älteren Scipio, einer Persönlichkeit, der man mit Fug eine göttliche Abkunft zuschreiben konnte, macht ihn so liebenswert wie seine unbekümmerten kindlichen Possen, wenn er am Meeresstrand Muscheln sammelte und mit Laelius um die Wette lief und sich bei schlechtem Wetter damit unterhielt, das derbste, gewöhnlichste Tun der Menschen in Komödien darzustellen.

[...]

Nichts ist so schön und so recht, als richtig und gut den Menschen zu spielen, und nichts ist schwieriger, als dieses Leben leben zu können; und unsere ärgste Krankheit ist es, uns selber zu hassen und zu verachten. [...] Ich weise meine Seele an, den Schmerz und die Lust gleich verständig und gleich beständig ins Auge zu fassen, doch jenen fröhlich und diese streng, und nach ihrem Vermögen mit gleicher Sorgfalt jenen zu dämpfen und diese zu mehren.

Drittes Buch, Kapitel 13

Wert des Lebens

Die gewöhnliche Redensart vom Zeitvertreib und vom Hinbringen der Zeit läßt die Gepflogenheiten jener klugen Leute erkennen, die mit ihrem Leben nichts Besseres anzufangen wissen, als daß sie es verstreichen und fortgleiten lassen, an ihm vorübergehen und es nach Möglichkeit fliehen, unerkannt und wie etwas Lästiges und Verächtliches; ich aber kenne es anders und halte es für etwas Wertvolles und Erfreuliches, selbst da es für mich nun zu Ende geht; und die Natur hat es uns in die Hand gegeben, unter so günstigen Umständen, daß wir uns nur über uns zu beklagen haben, wenn es uns schwer wird und nutzlos vergeht. Ich schicke mich dazu, es ohne Bedauern zu verlieren, aber weil sein Verlust unabwendbar zu ihm gehört, nicht weil es beschwerlich und lästig wäre. Man kann es sparsam genießen; ich genieße es doppelt im Vergleich mit den andern, denn das Maß des Genusses hängt von dem Eifer ab, den wir darauf verwenden. Namentlich jetzt, da ich merke, wie kurz meine Lebenszeit wird, will ich ihr mehr Gewicht geben; ich will die Geschwindigkeit ihres Fliehens durch die Geschwindigkeit meines Zugreifens aufhalten, und sie desto gründlicher nützen, je schneller sie fortgleitet; im gleichen Maß, wie der Besitz des Lebens sich verkürzt, muß ich ihn tiefer und voller genießen.

Die andern spüren die Süße einer Befriedigung und des Wohlergehens; ich spüre sie ebenso, aber nicht im Vorübergehen und -gleiten; wir müssen sie kosten, schmecken und wiederkäuen, damit wir das Verdienst dessen würdigen, der sie uns schenkt. Jene genießen die anderen Freuden gleich wie den Schlaf, ohne sie zu erkennen. Damit mir sogar der Schlaf nicht auf solch stumpfsinnige Weise entschwinde, wollte ich ehedem, daß man ihn mir störe, so daß ich ihn wahrnähme. Ich gebe mir Rechenschaft über ein Vergnügen, ich nehme mir nicht nur den Schaum; ich ergründe es und wende Vernunft an, es aufzufassen. Befinde ich mich in einem ruhigen Zustand? verlockt mich eine Lust? so lasse ich sie mir nicht von den Sinnen wegstehlen, ich geselle die Seele dazu, nicht daß sie sich binde, sondern sich freue, nicht sich verliere, sondern sich finde; sie soll daran teilhaben, um sich in diesem erwünschten Zustand zu spiegeln, sein Glück zu erwägen, zu schätzen und zu vermehren. Sie ermißt so, wie viel sie Gott dafür schuldet, daß sie mit ihrem Gewissen und mit anderen inneren Leidenschaften in Frieden lebt, daß sich ihr Körper in seiner natürlich gesunden Verfassung befindet, daß er gehörig und völlig die sanften und reizenden Verrichtungen genießt, durch die es Gott in seiner Gnade gefällt, die Schmerzen wiedergutzumachen, mit denen er uns in seiner Gerechtigkeit schlägt; und wie viel es ihr wert ist, so geborgen zu sein, daß sie rings um sich her einen ruhigen Himmel erblickt; kein Begehren, keine Furcht, kein Zweifel bringt die Luft in Aufruhr, keine Schwierigkeit, über die ihre Einbildungskraft nicht ohne Anstoß hinwegginge. [...]

Ich also, für mein Teil, liebe das Leben und pflege es so, wie Gott es uns hat zurichten wollen. Ich gefalle mir nicht in dem Wunsch, daß es uns die Notwendigkeit des Essens und Trinkens hätte ersparen mögen, noch daß wir uns nähren könnten, nur indem wir ein wenig von jener Arznei nähmen, mit der sich Epimenides den Hunger vertrieb und sein Leben fristete; noch daß man die Kinder stumpfen Sinnes mit den Fingern oder mit den Fersen hervorbrächte (schon eher, daß man sie, mit Verlaub, auch durch Finger und Fersen mit Lust erzeugte); noch daß der Körper ohne Begierde und Reizung auskommen möchte: das sind undankbare, unbillige Klagen. Man tut dem großen, allmächtigen Geber Unrecht, wenn man seine Gabe zurückweist, für nichts achtet und entstellt.

[...] Die Natur ist ein sanfter Führer, aber nicht weniger klug und gerecht. Ich folge überall ihrer Spur; wir haben sie mit künstlichen Fährten vermengt. Irrt man nicht, wenn man von manchen Handlungen weniger hoch denkt, weil sie notwendig sind? Mir wird man nicht ausreden, daß Vergnügen und Notwendigkeit eine sehr gute Ehe führen; die Götter sind, wie ein Alter sagt, mit ihr stets im Bunde. Wozu also ein Gebäude aufbrechen, das in so inniger Übereinstimmung zusammengefügt ist? Im Gegenteil, machen wir es durch wechselseitige Dienste noch fester; der Geist erwecke und belebe die Schwere des Körpers, der Körper hemme und berge die Leichtigkeit des Geistes. Es gibt an diesem Geschenk, das Gott uns gemacht hat, nichts, was unserer Sorge nicht würdig wäre; wir sind ihm Rechenschaft schuldig für jedes Haar. Und wir dürfen den Auftrag nicht leichtnehmen, daß der Mensch den Menschen nach seiner Bestimmung lenke; es ist dies der einfache, reine Wille des Schöpfers, den er uns ernstlich und nachdrücklich kundgetan hat. [...] Ich menge hier in den menschlichen Kinderschwarm, den wir bilden, und in die eitlen Gedanken und Wünsche, mit denen wir umgehen, keineswegs jene großen Seelen hinein, die sich durch glühende Andacht und Gottesfurcht zu beständiger und gewissenhafter Betrachtung der himmlischen Dinge erheben, die es verschmähen, unseres flüchtigen und vergänglichen Bestehens zu achten, und die sinnliche, zeitliche Nahrung leichthin dem Körper zur Sorge und zum Gebrauch überlassen.

[...] Sie wollen aus sich heraustreten und dem Menschen entrinnen; das ist Narretei: anstatt sich in Engel zu verwandeln, verwandeln sie sich in Tiere; sie machen sich klein, statt sich zu erhöhen. Solch jenseitiger Wahn erschreckt mich wie eine unzugängliche Bergspitze; und nichts ist mir im Leben des Sokrates schwerer verdaulich als seine Ekstasen und sein Dämonengerede, nichts bei Platon so menschlich wie das, wofür man ihn göttlich heißen soll. Und unter unsern Wissenschaften erscheinen mir jene, die am höchsten gestiegen sind, als die niedrigsten irdischen; ich finde auch in dem Leben Alexanders nichts so dürftig und sterblich wie seine Phantasien, daß er ein Gott sein müsse. Er hat dazu eine witzige Antwort von Philotas erhalten, der ihn in einem Brief zu dem Orakelspruch des Jupiter Ammon beglückwünschte, welcher ihn zu den Göttern gesellt hatte: »Um deinetwillen freue ich mich, doch die Menschen sind zu bedauern, die mit einem Mann werden leben und ihm gehorchen müssen, welcher das menschliche Maß übersteigt.«

Eine unbedingte und gleichsam göttliche Vollkommenheit besteht darin, daß man sein Dasein so, wie es ist, genießt. Wir streben nach einem anderen Stande, weil wir den unseren nicht zu nutzen wissen, und verlassen uns selbst, weil wir in uns nicht Bescheid wissen. Wir können lange auf Stelzen steigen; auch auf Stelzen müssen wir mit unsern Beinen gehen; und noch auf dem höchsten Throne der Welt sitzen wir doch nur auf unserem Hintern. Die schönsten Leben dünken mich jene, die sich gemeiner menschlicher Art ohne Anspruch und Überspannung fügen. Das Alter bedarf allerdings ein wenig der Rücksicht. Befehlen wir es dem Gotte an, der die Gesundheit und eine frohe, gesellige Weisheit schützt.

Drittes Buch, Kapitel 13

Nachwort des Übersetzers

André Gide hat sich ein Leben lang mit Michel de Montaigne beschäftigt. Am 5. Dezember 1889 notiert er: »Lu du Montaigne.« Am 27. Februar 1949 unterhält er sich mit Julien Green über ihn. In seinem Nachlaß finden sich mehrere Ausgaben der *Essais* mit deutlichen Spuren intensiven Gebrauchs und ein (unveröffentlichtes) Dossier, »Notes pour le Montaigne«: Zitate, Notizen. Ich verdanke Peter Schnyder den Hinweis auf diese Dinge.

1928 publizierte Gide einen ›Essai sur Montaigne‹, rund vierzig Seiten, in *Commerce*; ein Jahr später in *La Nouvelle Revue Française* einen Text, etwa halb so lang, mit dem Titel ›Suivant Montaigne‹. Als er für Longmans, Green & Co. einen Montaigne-Band zusammenstellte (›The Living Thoughts of Montaigne‹), konnte er für die Einleitung größere Abschnitte aus dem ›Essai‹ von 1928 wieder verwenden. Der Band erschien 1939 in New York, und die Editions Corrêa, Paris, brachten ihn im selben Jahr in der Buchreihe ›Les Pages immortelles‹ heraus. Gides Auswahl beruht auf der Ausgabe der *Essais* von 1588, der Ausgabe von Bordeaux.

Bei Werner Classen in Zürich erschien 1949 eine deutsche Ausgabe dieses Breviers. Als Übersetzer der Einleitung Gides zeichnete E. M. L. – es bedarf keines Scharfsinns, die Initialen auf Edwin Maria Landau zu deuten. Die Texte Montaignes waren in der Übersetzung von Johann Jakob Christoph Bode (1799) zusammengesucht (und nicht ganz alle gefunden) worden. Dieses Buch ist seit langem vergriffen. Die *Essais* in der vorzüglichen Auswahl und Übersetzung von Herbert Lüthy, die 1953 in der Manesse-Bibliothek der Weltliteratur herauskamen, boten dem Montaigne-Leser mehr als Ersatz dafür.

Seit 1992 liegt (bei Diogenes) die erste und beste deutsche Gesamtausgabe der *Essais* (1753/54) von Johann Daniel Tietz wieder vor. Aus dem Wunsch, diesem »großen« einen »kleinen Montaigne« folgen zu lassen, ist der Plan einer Neuausgabe des von Gide konzipierten Buches entstanden. Sie versteht sich als Einführung in die Lektüre der *Essais* und zugleich als Zeugnis für den tief vertrauten, auch eigenwilligen Umgang eines bedeutenden Schriftstellers mit einem Vorgänger.

Denn als solcher erschien er ihm wohl – und man könnte fragen: wem nicht? Montaigne ist ein Vater so vieler Dinge, daß er auf keiner ordentlich geführten Ahnentafel fehlen kann. Doch so, wie Gide die *Essais* uns vorblättert, muß *ein* Moment uns nachdenklich machen. Montaigne wollte den Menschen schildern, seine Verfassung. Dazu wählte er ein Modell: sich selbst; mit einer Begründung, die man so einfach nehmen muß, wie sie gemeint ist: er sei das Beispiel (eines Menschen), das er am besten kenne.

Der Autor des *Journal* wußte, wenn einer, Bescheid über den Unterschied zwischen der Selbstbeobachtung eines philosophierenden Standesherrn und der Introspektion eines modernen Intellektuellen. Vielmehr: hier wurzelt seine Beschäftigung mit Montaigne. Seine Einleitung und seine Auswahl sind ein Versuch, über diesen Unterschied hinweg an den Ort zu kommen, wo die Unbefangenheit noch legitim ist: zum Pränarzißmus. Und wer, könnte man nochmals fragen, nähert sich Montaigne *nicht* so?

Für diese Ausgabe habe ich die Einleitung Gides und die Texte Montaignes (mit den von Gide formulierten Titeln) neu übertragen. »Neu« in Anführungsstrichen: die Sprache, die Montaigne in unsere Zeit versetzen könnte, habe ich auch nicht gefunden. Er spricht aus der Vergangenheit zu uns, so verständlich, wie ich ihn machen konnte.

Hanno Helbling

Inhalt

Michel de Montaigne im Diogenes Verlag

Essais

[Versuche]
nebst des Verfassers Leben, nach der Ausgabe von Pierre Coste ins Deutsche übersetzt von Johann Daniel Tietz

3 Bände im Schuber oder in Kassette. Diese Ausgabe bringt alle Essais, eine Biographie Montaignes, Briefe Montaignes, Etienne de la Boéties »Von der freiwilligen Dienstbarkeit«, Kritiken zu den Essais sowie ein ausführliches Personen- und Stichwortregister. Neuausgabe der 1753/54 erschienenen deutschen Erstausgabe

»Ein publizistisches Glanzstück: In einer prachtvoll ausgestatteten, typographisch vorzüglichen dreibändigen Edition legt der Diogenes Verlag Tietz' Übersetzung auf, die selbst Fachleuten kaum gegenwärtig war.«
Rainer Moritz/Rheinischer Merkur, Bonn

»Ein bezauberndes Buch sind die *Essais* dieses Republikaners mit monarchistischen Neigungen, dieses Christen mit heidnischer Gesinnung, dieses Renaissance-Menschen und Humanisten mit dem mittelalterlichen Gottvertrauen, der schon die Aufklärung ankündigt. Ein großes Lese- und Lehrbuch vom richtigen Leben.«
Rolf Michaelis/Die Zeit, Hamburg

»Diese genialen ›Versuche‹ sind frisch wie am ersten Tag.« *Gert Ueding/Die Welt, Berlin*

Mathias Greffrath
Montaigne heute
Leben in Zwischenzeiten

Die *Essais* von Michel de Montaigne ›liest‹ man nicht einfach: Man ›begegnet‹ ihnen. Mathias Greffrath begegnet Montaigne wie einem väterlichen Freund – mit dem man über alles sprechen kann. Unbefangen nimmt er von ihm, was ihm brauchbar erscheint für unseren eigenen Umgang mit der Welt und mit uns selber. So macht er Gebrauch von ebenjener Freiheit, die Montaigne für sich selbst in Anspruch nahm. Montaignes *Essais* erweisen sich auch nach Jahrhunderten noch so frisch wie am ersten Tag. Mathias Greffrath erlaubt sich, dort weiterzudenken, wo Montaigne einen Punkt setzte: Zwischen die Auszüge aus Montaignes *Essais* schiebt er acht eigene Essays, die immer wieder der Frage nachgehen: Wie soll man heute leben? Was sagt uns Michel de Montaigne heute?

»Mathias Greffrath entwirft auf doppelt blitzgescheite Weise ein Montaigne-Panorama: Er orientiert sich an den zwei grundlegenden Übersetzungen aus dem 18. Jahrhundert (J. J. Bode, J. D. Tietz), aus denen er heutiges Deutsch ohne geschraubtes Philologengestelze, aber auch ohne modischen Jargon formt.«
Abendzeitung, München

Über Montaigne

Aufsätze und Zeugnisse von Blaise Pascal, Johann Wolfgang Goethe, Ralph Waldo Emerson, Charles Augustin Sainte-Beuve, Friedrich Nietzsche, André Gide, Heinrich Mann, Hermann Hesse, Egon Friedell, Stefan Zweig, Richard Friedenthal, Elias Canetti, Herbert Lüthy, Mathias Greffrath u. a. Mit Zeittafel und Bibliographie. Herausgegeben von Daniel Keel

»Wer sich über Montaigne orientieren will, kann dies in einem Band mit dem Titel *Über Montaigne* tun, den Daniel Keel herausgegeben hat und der parallel zur Edition der *Essais* erschienen ist. Hier findet der Leser eine Reihe von wichtigen Aufsätzen, die einen guten Zugang zu dem französischen Denker ermöglichen. Einige interessante Texte sind nachgedruckt, wie zum Beispiel der von Max Horkheimer über ›Montaigne und die Funktion der Skepsis‹ von 1938, der die sozialen und historischen Hintergründe skizziert, aus denen der Skeptizismus hervorgeht. Die Zeit der großen äußeren Unsicherheit ist die Zeit, in der eine Lebens-

kunst erforderlich ist. Stefan Zweig ist auf diesen Aspekt besonders aufmerksam, und der Anlaß ist für ihn derselbe wie für Horkheimer: Mitten im Zweiten Weltkrieg schreibt er seinen Aufsatz über Montaigne – auch er ist hier nachgedruckt – und bekennt, daß er ihm jetzt am ›hilfreichsten‹ scheine, wo die Welt im Aufruhr ist. Eine bessere und liebevollere Einführung kann man nicht finden. Sie stellt den Denker dar, der sich zu seinem Beruf die Kunst des Lebens gewählt hat.«
Wilhelm Schmid / Norddeutscher Rundfunk, Hannover

Wilhelm Weigand
Michel de Montaigne

Eine Biographie

»An deutschsprachiger Literatur zu Michel de Montaigne sei verwiesen auf den *Montaigne* von Wilhelm Weigand, der vor allem als Biographie wertvoll ist.«
Herbert Lüthy

»Es gibt auf der ganzen Welt kaum ein zweites Buch, das so sehr zum Abenteuer der Selbsterkenntnis ermuntert und das Denken über Zeit und Ewigkeit so sehr anregt wie die *Essais* des Michel de Montaigne. Es ist uns hier ein geistiges und moralisches Tonikum ohnegleichen geschenkt worden. Der amerikanische Philosoph Ralph Waldo Emerson nannte diesen großen Sucher und Denker den freimütigsten und ehrlichsten Schriftsteller der Welt. Dieses Urteil aus dem 19. Jahrhundert über einen Mann im Übergang vom 16. zum 17. Jahrhundert hat noch heute ungebrochene Gültigkeit. Dabei hat Montaigne mehr für sich als für andere geschrieben, aber was ihm guttat, tut es uns erst recht. Die Existenz Michel de Montaignes zu durchleuchten ist von vielen versucht worden. In deutscher Sprache kommt kein anderer Versuch der Biographie von Wilhelm Weigand gleich.«
Oberösterreichische Zeitung, Linz

• Erich Fromm
Die Kraft der Liebe
Über Haben und Sein, Liebe und Gewalt, Leben und Tod. Herausgegeben und mit einer Einleitung von Rainer Funk und einem Nachwort von Gerhard Wehr

• Nicolas Gfeller
Kleine Geschichte der Ethik
von Buddha bis Ernst Bloch. Mit zahlreichen Abbildungen

• Baltasar Gracián
Hand-Orakel und Kunst der Weltklugheit
Aus dem Spanischen von Arthur Schopenhauer. Mit einem Nachwort von Hugo Loetscher

• Immanuel Kant
Deines Lebens Sinn
Eine Auswahl aus dem Gesamtwerk. Herausgegeben von Wolfgang Kraus

• Lao Tse
Tao-Te-King
Neu ins Deutsche übertragen von Hans Knospe und Odette Brändli. Mit einem Nachwort von Knut Walf

• Michel de Montaigne
Essais
nebst des Verfassers Leben nach der Ausgabe von Pierre Coste, ins Deutsche übersetzt von Johann Daniel Tietz. Mit Personen- und Sachregister. Nachwort von Winfried Stephan

• Thomas Morus
Utopia
Roman. Aus dem Lateinischen von Alfred Hartmann. Mit einem Porträt des Autors von Erasmus von Rotterdam

• Friedrich Nietzsche
Vom Nutzen und Nachteil der Historie für das Leben
Herausgegeben und mit einem Nachwort von Michael Landmann

Brevier
Ausgewählt, herausgegeben und mit einem Vorwort von Wolfgang Kraus

• George Orwell
Im Innern des Wals
Erzählungen und Essays. Aus dem Englischen von Felix Gasbarra und Peter Naujack

Rache ist sauer
Essays. Deutsch von Felix Gasbarra, Peter Naujack und Claudia Schmölders

• Arthur Schopenhauer
Aphorismen zur Lebensweisheit
Textidentisch mit Band 8 der ›Zürcher Ausgabe‹. Herausgegeben von Arthur Hübscher. Mit einem Nachwort von Egon Friedell

• Seneca
Mächtiger als das Schicksal
Ein Brevier. Herausgegeben und aus dem Lateinischen übertragen von Wolfgang Schumacher

• Henry David Thoreau
Walden oder Leben in den Wäldern
Essay. Aus dem Amerikanischen von Emma Emmerich und Tatjana Fischer. Mit einem Vorwort von Walter E. Richartz. Mit Anmerkungen, Sach- und Namenregister sowie Chronik

Über die Pflicht zum Ungehorsam gegen den Staat/Civil Disobedience
Essay. Zweisprachige Ausgabe. Deutsch von Walter E. Richartz. Mit einem Nachwort von Manfred Allié, mit Anmerkungen und einer Zeittafel

Vom Spazieren
Essay. Deutsch von Dirk van Gunsteren

• Oscar Wilde
Der Sozialismus und die Seele des Menschen
Ein Essay. Aus dem Englischen von Gustav Landauer und Hedwig Lachmann. Frontispiz von Walter Crane

Extravagante Gedanken
Eine Auswahl. Herausgegeben und mit einem Vorwort von Wolfgang Kraus. Auswahl und Übersetzung von Candida Kraus